遇见 爱，遇见更好的自己

兰心——著

台海出版社

图书在版编目（CIP）数据

遇见爱，遇见更好的自己 / 兰心著. -- 北京：台海出版社, 2019.5

ISBN 978-7-5168-2300-2

Ⅰ.①遇… Ⅱ.①兰… Ⅲ.①女性－情感－通俗读物 Ⅳ.①B842.6-49

中国版本图书馆CIP数据核字（2019）第053548号

遇见爱，遇见更好的自己

著　　者：兰　心

责任编辑：员晓博　　装帧设计：仙　境

版式设计：阎万霞　　责任印制：蔡　旭

出版发行：台海出版社

地　　址：北京市东城区景山东街20号　邮政编码：100009

电　　话：010－64041652（发行，邮购）

传　　真：010－84045799（总编室）

网　　址：www.taimeng.org.cn/thcbs/default.htm

E － mail：thcbs@126.com

经　　销：全国各地新华书店

印　　刷：保定市西城胶印有限公司

开　　本：880mm × 1280mm　　1/32

字　　数：230千字　　印　张：8.5

版　　次：2019年5月第1版　　印　次：2019年5月第1次印刷

书　　号：ISBN 978-7-5168-2300-2

定　　价：42.00元

推荐序一

遇见兰心，遇见更美好的自己

文/国际作家（土耳其）纽都然·杜门（Nurduran Duman）

我们为什么在地球上？我们为什么而活着？我们为什么要这样活着？

这是人类一生中至少要问一次的三个问题。事实上，这些是我们所有人都应该问自己的主要问题。如果你想知道这些问题的答案，如果你觉得在现代繁忙而快速的生活迷雾中迷失了自我，那么，兰心是你可以追随的灯塔；如果你正在寻找更好的生活方式，并希望成为健康和平的社会的一分子，你尤其应该阅读她的作品。

有时读者认为他们不应该见他们最喜欢的书的作者，以免失望，因为他们不想因为认识一个与书截然不同或言行不一的作者而感到悲伤，但是兰心却不会让你有这种感觉。

在兰心的作品中，她谈到了幸福，而在她的日常生活中，她不仅在谈论幸福，她还在践行她的话语，不断地为他人创造幸福，成就幸福。她是集“大爱”“大慈悲”和“大智慧”的生命的总和——同时也意味着“大美”的总和。

在读者体会到她作品中与美相关的主题和方法之前，他们可以确定——她本身就是美好的生命。如果让我们用一个词来形容兰心，那就是“美”——兰心是集身体、灵魂、心灵美于一身的真实存在。

读者在她的书中漫步，他们领悟到了智慧、善良、健康、专注和行动。

每天早上，当我们醒来的时候，我们都会做出一个选择：努力活出最好的一天，还是继续活在昨天，或者任其自然发生。我们可以通过自己的选择来创造最美好的一天，或者我们可以等待其他可能会到来或不会到来的事情，让我们的一天不像我们自己一样美好。那些决定过真正美好生活的人，通过我们自己的选择，可以从兰心的话语中找到这种方式。她本身就是美好的生命。

地球上所有的教义都说，无论你走到哪里，你都带着所有你逃离的东西。如果你想过一种美好的生活，你就应该做你自己，这样你就有机会让周遭也变得美好。像兰心一样，她走到哪里，哪里就变得美丽；谁读了她的文字，谁就变得更美好。让我们在她美好的世界里漫步吧，去领悟她的智慧，感受她的正能量。

遇见兰心，遇见更美好的自己。

推荐序二

如同地中海岛屿上冬日暖阳的兰心

文/国际作家（意大利）、汉学家雪莲（Fiori Picco）

我于2018年4月在北京的鲁迅文学院认识了兰心。她给我的第一印象是她有着很强的审美观和美感，这不只体现在外表上，更体现在内心和灵魂上。

兰心整个人都洋溢着尘世女子少有的纯净与优雅。她向周围人传递着内心巨大的平静，让他们感到欢喜和舒服。

她是这个时代一种新的生活理念的象征，致力于身心灵的修炼和提升，追求自我意识的觉醒和真正的幸福。

她的书难能可贵地融合了佛法智慧和哲学、心理学和灵学，以及对女性纯粹而深厚的大爱。她引导女性走上探索、认识、领悟、觉醒和找到自我的道路。

她对读者强烈的使命感和大爱令人钦佩。她的身心灵修行之道应该成为所有感到失落和生活浮躁的人的楷模。

在她的书中，她用柔和、亲密、深入浅出的言语与读者促膝谈心，娓娓道来。她对我们说话如同生活中的知心姐妹和闺中密友般亲切；她的话语让我们放松，舒畅，温暖，感动，豁然开朗，如同地中海岛屿上冬天的太阳。

推荐序三

在不同维度之间完美转换

文/国际作家（智利）罗伯特·艾多（Roberto Aedo）

由于我还看不懂中文，很遗憾我还没读过兰心的书。但从认识她至今的时间里，通过对文学艺术、中西方文化、日常生活、心灵、思想等各方面的深入交流，我对她有着极好的感知印象。

我认为她是一个聪慧、内心非常宽广、豁达的中国当代女性，同时也是传承中国优秀传统文化的代表女性，她似乎与生俱来就有敏锐的审美观。这几者她融合得非常好。

我将永远记得那次的印象：当我应中国作家协会“国际写作计划”邀请来到中国，在北京民俗博物馆东岳庙那个古老的道教寺庙里，她在中国传统音乐中随心起舞，行云流水般逸美，犹如天地万物中的仙子，在场的每个人都被她震撼了！60多岁的法国作家和音乐家Dominique Ottavi在现场感动得哭了，几度流泪。他对我说：“太美了……真的太美了……我此生都未曾看过如此美好的禅舞！”

她可以做一些在西方国家很难融合并存的事情：她是一个畅销书作家，也是一个曾在鲁迅文学院努力进修的研究生；她是一个虔诚的佛教徒，也是某些品牌的代言人；她是爱与幸福讲座的导师，她将佛法智慧与红尘情感完美融合，她又是很多FM平台心灵情感节目的特邀主持人；有时她还与来自世界各国的冥想大师和艺术家对话，探讨跨领域的专业知识……她身上既传承了中国的传统文化和美德，又融合了西方先进的哲学思想……难得的是，对兰心来说，所有这些不同维度之间的角色和事情竟然没有冲突或矛盾，在她身上都能和美、优雅地并存。

正因为如此，兰心于我而言不仅是一个深爱的朋友，更是一个非常有趣的文化人物，在我看来，兰心体现了当下中国女性多重身份和角色完美转换的认同。

于智利首都圣地亚哥

2018年9月24日

推荐序四

兰心：爱无界，链苍穹

文/上官长风（爱商LQ创始人）

她是那样一个人：小巧玲珑、温柔娴熟、宁静优雅；

她还是这样一个人：聪慧知性、善解人意、才艺非凡；

她又是这样一个人：多本畅销书的作者，许多心理、婚恋节目/课程的主播/导师；

她居然也是这样一个人：鲁迅文学院研究生作家班的高才生，诺贝尔文学奖得主莫言先生的师妹，与国内外一线作家群有深厚的交情……

她广交天下朋友，偶尔会给你来一次意料之外的惊诧：捧出一本像《简·爱》这样的世界名著——自己翻译的版本。

原来她还是这样一个人：翻译家，口译、笔译两种能力都很卓绝。

她除了有很多国内的朋友，还有很多世界各国的好友。大部分人的微信朋友圈里都是清一色的“你好”“晚安”，她的不一样，会有很多“Good morning，Good night……”她和众多国际人士有着日常的联络，也在文化、心灵和灵魂上有着深入的交流。

她是拥有百万粉丝的超级IP，她的头衔——如果要用头衔来描述一个人的话，估计需要好几页A4纸。她是知心姐姐，她又是天使妹妹，她是一个3D立体活灵活现、真诚踏实丰润的生命。

很少有人能够像她一样，如此关注生活的细节，几乎可以解决关于情感的任何问题。她个人、她的兰心工作室一直在为无数青年男女解决情感的困惑，像星座一样照亮他们，指引着幸福的方向。

也很少有人能够把自己所有的生活细节都变成一部又一部的生命成长纪实，谱写出心灵最内在的华彩乐章。

女儿出世了，她将孕育的过程写成了怀孕漫画日记《宝宝驾到》。记录了一个新生命来到这个世上曼妙的传奇。用外界一句调侃的话来形容是“孩子没有白怀”。

女儿出生后的三年时间里，她用心陪伴宝宝成长，并将过程中的点点滴滴写成亲子育儿漫画《我是新手妈妈》。用外界一句调侃的话来形容是“孩子没有白带”。

世道变化，充满种种诡谲欺骗和套路，它破解生活的谜题。为小姐妹们发声，在寺庙闭关数日创作了超级畅销书《小心！男人就这样骗你》。

当然，这都只是边角料。她所做的每一个善意提醒，是要帮助你，帮助更多女性，在漫长的生命旅途中遇见爱，遇见幸福。

她是众多网络平台上一个有名的符号，一个芳香的名字，一个想起来就会让人感受到深山幽谷的那样一种美好的境界，那样一种特立独行的花草。那一缕跨越万水千山的芳香……

她就是兰心。

我和兰心的机缘起于一个偶然的时刻，当时她去丽江写《遇见幸福，遇见爱》，我的一个学生，一个很有修为的学者，和她说起我，然后我们就有了一些远程的互动。那时候微博还很热闹，我们在微博上相互关注，所有的了解就是从那时开始的。

就这样遥远的互动了好几年。直到后来我创立了爱商大系统（LQ），一个爱的平台，一个传播爱文化的机构。

一个本身就代表爱理念的机构需要这样一个爱的代言人。所以就向她提出了这个请求。在交往中，我已经感受到，她似乎就如她的名字一样，其气若兰，赤子之心，整个人就是一个爱的符号，当然是最佳的爱商代言人。

2015年6月27日，终于将她请到了大理，出席了我的一场讲座，同时也聘请她成了爱商大系统的公益形象代言人，爱商全球发言人。

从那以后互动就越来越多。不期然间，几年就过去了。

她是对爱商的传播，做过最多事的人，她是生活中最可靠的朋友。

最低调却也最高贵的那一朵花。

后来更有机缘给她的宝宝起了名字，那是美好记忆。

后来还不时用《易经》的原理和《圣经》的法则做一些生活经验的互动，有更多的福分与恩典链接。

又后来邀请她来到我在深圳创办的“爱商星球”，不断碰撞，深入探讨人性里最深的幽谷。

这是一些在记忆中永远美好的过程，这也是一段美妙的岁月。生命中会有许许多多的人，匆匆过客。来了，然后走了。

兰心，这株灵草，这朵小花；这个小妹妹、好朋友；这个合作者、代言人……却越来越产生着深厚的链接，在生命中沉淀下来。

我时时以此为荣为傲。是因为爱商有这样一位代言人，更为生命中有这样的一个遇见。

最最重要的，如她那本《遇见幸福，遇见爱》的书所预示的，我是爱商的创始人，多年来一直在全心推广爱商幸福学院，旨在让更多人懂得爱，享受幸福。我相信我们的相遇之缘，也是一个遇见幸福遇见爱的过程。所有遇见她的人，都是遇见幸福遇见爱的过程。

她离开深圳回到长沙，没有多久，就寄来了这部书稿。一看书名，如此美好，温暖而充满正能量，突然之间非常感动，热泪盈眶。这是何其有深意的一个故事。

兰心让我写一篇序，拖了许久。不是没话说，是有太多的话，不知从何说起；有太多的感动，有时难以用语言表达；有太多的细节，历历在目。

但是，当我真的要下笔去叙述，又觉得似乎还有更深的意义，等待成熟，成果回甘。

当一个人对生命有了越来越多的看见，越来越多的了悟，会更加小心自己的语言，也会更加珍惜身边所有出现的风物和人事，会更加小心翼翼地去体察生命里的每一个段落，每一个篇章，每一个故事，这是生命的成长。

我们都在成长，很多时候会看不见，听不到。

我们的五感会麻木，而她是时刻看见、听见、嗅到、尝到、感觉到、体会到的那个人，她可以把生命里的所有细节都读通透，弄明白。

她不仅自己经营着幸福美满的家庭，过着丰盛丰饶的人生，还帮助那么多人走出幽谷，踏上坦途，这是怎样清亮的一个灵魂？！

普普通通的文字。没法表达这种内心感受。因此之故，这个序也就拖下来，总想着某一个机缘，会给我一个更加闪亮的灵感。

我仔细在想，她怎么可以有这么多的爱，源源不绝的流淌。我也在反思自己，我们该如何去点亮更多人内心里的那一支烛火。

其实每一个生命本身就非常精彩。所有暂时看不到光芒的，只是正在穿越属于每个人生命天空的云层。

乌云会过去，白云也会过去，总有一个时刻，每一个生命都会发光如星。前不久，我为爱商整理核心文化价值，灵光闪现，写下了六个字：爱无界，链苍穹。仔细想想，其实兰心就是这样的一个符号，她在社会各界之间不断穿梭、链接，不断得到更多人的认同，用不同的语言在讲述自己的发现，书写自己的生命故事。同时，在链接更多的心，成为一个爱的整体。

能够如此释放出爱的人，是因为内心有丰盛的爱，能够看见别人，是因为看清了自己。能够有如此悲悯的情怀，是因为她对这个世界中的每个生命感同身受。

她的新书里，每一个篇章标题都在触碰人性中的某一个痛点，警醒、开导、化解、指引、疗愈……给伤者药方，也给贴心的抚爱。

这就是兰心。

我心目中那个“爱无界，链苍穹”的爱的符号。

在整个宇宙时空中，我们都很渺小。但是始终保有这样一颗赤子之心。

我们每个人只需全力发出自己的光和热，就够了。

总有一个空间被我们照亮，总有一些人被我们温暖。

当然，总有一本书会让你泪流满面。

这是什么样的一篇序文呢？就是这样的吧，没有日月的光芒，只做秋夜的一只萤火虫，在你的窗前轻柔掠过，让你的心有那么一分钟的激动、跳动和感动，也就够了。

2018年9月21日深圳

自序

与其苦苦寻求爱，不如成为爱

亲爱的朋友们，此时我坐在电脑前，感慨非常——如同与故人久别重逢，执手相望，难抑激动之情……

蛰伏三年，终于推出这本新书，让大家久等了！所有等待，只为与你更好地相见。亲爱的你，还好吗？

我从二十岁出头开始写情感、身心灵成长的书，和大家一同成长，前行。每个时段遇见的人、经历的事不同，领悟、觉知亦不同。时至今日，回想我的著书历程，从《小心！男人就这样骗你》到《遇见幸福，遇见爱》《幸福驾到》，再到这本书，无论书中分享的技法还是心法，都源于我对每一位女性朋友的感同身受的懂得，缘于我发愿以慈悲大爱之心帮助有缘的朋友们，缘于我在生活的历练中不断觉醒、领悟、修炼、精进……

我的书有幸被大家喜爱不是靠写作本身，不是靠迎合市场，不是靠宣传包装，比我文采好的、懂市场策划包装运作的大有人在，而我，只因心中怀着对天下女性的慈悲之爱，希望用我觉悟到的思想、智慧去帮助有缘众生少走弯路、少受伤害，正念、修心，加持正能量，提升爱商和幸福力，度己、度人。

每个女人心底最渴望的是什么？是爱。对于男人而言，恐怕就不是如此了。男人渴望爱与美人，但同时也渴望事业和成功。从这一点来说，女人对爱的渴望，超越了男人对爱的渴望。

可以说，爱，是女人终其一生潜藏在心底最大的渴望，爱也是身为女人最好的滋养。

终其一生，我们每个人，都在不断寻找爱，遇见爱，遇见幸福，遇见更好的自己。

所以，每个女人都应该活在爱里。

无论是男女之爱、友人之爱、亲人之爱、同事之爱、社会之爱……都是女人应该享受的滋养。

那么，爱来自哪里？很多朋友都有这样一种想法：爱来自外界，来自他人。这是一种习惯性的“向外求”的思维。说起来也没错，爱确实有一部分来自外界，来自他人。但是更重要、更巧妙的一部分是——爱还来自自身。

这两者之间是什么样的一种关系呢？前者是向外求，后者是由内修。后者是前者的前提和基础。

当我们一心只想着如何得到外界的爱、他人的爱时，往往忽略了——其实自己才是爱的核心，爱的源头。

如果没有这个源头，我们无从得到他人长久的爱，即便拥有，已然麻木混沌的心也难以感知外界和他人的爱。

我们来冥想一下：你是一个爱的发光体，当我们内心充满爱的正能量时，整个身心都会散发着爱的光芒，照耀着周围的每个人，目光所及之处，让人如沐春风，和言善语如冬日暖阳……

而心念，是爱的源泉。当我们的心念里是爱，那么每一个我们想传达爱的人都能感受到。爱的能量是无形的，是流动的，爱是可以穿越世界上任何固体物质的神奇的力量，不受空间的限制，能够传达给近在咫尺的人，也可以传达给远在天边的人。

当我们心念里有足够多的爱，就能消融烦忧和愁苦，化解伤害和怨恨，放下贪、嗔、痴，远离人生八苦。

我们每个人都渴望自身拥有强大的正能量，而能量来自哪里？

根据心理学家研究，人类意识能量等级图是呈金字塔状分布的。

能量等级最高的是：开悟。能量指数是700—1000；

排第二位的是：平和，能量指数是600；

排第三位的是：喜悦，能量指数是540；

排第四位的是：爱！能量等级指数是500，拥有爱的等级的人，能聚焦生活的美好，让自己感到幸福。

我们在红尘俗世里苦苦追寻爱，渴望得到幸福，往往求而不得。若能跳出自己看自己，跳出庐山看庐山，就会豁然开朗：原来自己才是因缘际遇的缘起。爱——是幸福的终极密码。

世道人心，各有其意。心是最难打开的门，爱——是打开心门的万能钥匙。

情感纷纷扰扰，纠葛丛生，缘起缘灭，得失无常。问世间情为何物，爱——是一切问题的答案。

我们渴望遇见想遇见的人，走近心仪的人，联结想要的幸福，很多时候困惑迷茫，不知该如何是好。大道至简，若我们能化繁为简，倾心内心的声音，感同身受他人的渴望，体己及人，拨开心灵的迷雾，就会发现，爱——是生命最高级的情感，是最有智慧的技法和心法。

我们渴望遇见爱，又害怕爱的结果；渴望得到爱，又害怕失去爱；渴望倾心去爱，又害怕爱无果而受伤害……爱其实没有那么复杂，也并不会伤人，它是生命里最美妙最珍贵的体验，是最强大最无畏的法宝。有爱在心，珍惜当下，就不惧未来。

世事苦无常，唯慈悲方可度。人生八苦——生、老、病、死、爱别离、怨憎会、求不得、五阴炽盛。爱——是最好的抚慰和疗愈。

人有两次生命的诞生，一次是肉体出生，一次是灵魂觉醒。当你觉醒时，你才开始真实地、真正地活着。

当你懂得爱，成为爱的那一天，将不再一味寻找爱、追求爱，等待爱；你就会懂得幸福不是找到你爱的和爱你的，而是成为爱本身！

所以，你要打开心——当你全然打开的时候，最先进来的是光和爱，不是怨恨和伤害。因为，光最快，爱最高。

当你成为爱，所有你想要的都会不断涌向你！

当你成为爱，才有源源不断的正能量滋养自我，润泽他人。

然而，男女之间的情爱，不同于广义上的“博爱”。这种爱绝不是盲从，绝不是爱到失去了自我，爱到没有了原则和底线。

真正的爱，是去爱值得爱的人。以慧心、慧眼去发现、甄别、珍惜值得爱的人和因缘。

很多女性朋友说：我爱他，把所有的爱都给了他，可是仍然得不到他的爱。

亲爱的，那么我要告诉你：

你若真爱他，付出的爱是你乐意的，心甘情愿的，很多时候付出本身即是一种得到。

再者，你的爱，爱对了人吗？如果爱错了人，也是徒劳。在有限的年华和心力里，女人应该选择值得爱的人，不值得你爱的人，只会消耗、消磨你爱的能量。

最后，你爱的方式，是对方想要的吗？

曾经，当我还不懂甄别、拒绝、远离那些“烂桃花”时，也难免受“烂桃花”的干扰和消耗。当我看清、看懂、看透这些之后，那些孽缘和无缘人自动远离我的世界，佳人良缘自随我而来。

人的心是一个神奇的磁场，当你觉醒，心磁场也会自净、吸引。

曾经，当我对爱和幸福没有这样的觉醒时，我也害怕去爱，害怕失去，害怕受伤。而当我顿悟爱的深义后，爱成了我最强大的正能量！我不再担心、害怕爱，而是全然地爱值得爱的人，珍惜每一个当下。也不再担心任何人会伤害我——因为，我内心的爱、慈悲、正能量、温暖，足够化解、消融外来的一切！

亲爱的朋友，请答应兰心，你要好好的啊！好好活着，好好生活，好好工作，好好爱自己，好好爱他人，好好修炼自己，好好温暖自己，好好绽放自己……

这个世上，总有一个人，是为你而生的。

只在于，你有没有足够耐心地等待。

只在于，你有没有足够用心地找寻。

只在于，你有没有一双慧眼从芸芸众生中识别出他/她。

只在于，你有没有打开心，让爱进门。

只在于，你有没有做好让他/她爱上你的准备。

只在于，你有没有在遇见他/她之前力求修得更好的自己。

没有人是完美的，没有事情是完美的。更多的时候，是各自“站着说话不腰疼”。

无须羡慕他人，也羡慕不来。在不同的生活里，各受各的罪，各享各的福。

如果你从不抱怨，从未放弃，心中有爱，努力让自己愈加美好，一直奋力向前……那些失去的、未得到的、本该拥有的、渴望拥有的，总有一天会加倍补偿给你……

想遇见什么样的人，就努力成为那样的人；想有美好的情感，先修美好的心灵；想遇见温暖的人，先成为温暖的人；想遇见感动的事，先有感恩的心；想被世界宽待，先善待众生；想遇见心想事成的自己，先让慈悲和大爱住进心里……

世间一切，皆得失相融。有付出才能拥有，有舍方有得；承受得了多大的痛，方能享受得了多大的幸福；承受得起多大的压力，方能承载多大的成功；经得起多少诋毁，方能担得起多少赞美；付出多少爱，方能得到多少爱；内心有多少阳光，方能得到多少温暖。

世事轮回，因缘际会，一切皆有定数。

感恩我生命里所有的因缘际遇，每一个人，每一件事，每一个生灵，每一个机遇，每一个缘分。无论苦难，挫折，打击，考验，挑战，遭遇……皆是人生道路上的历练，正是这些历练，让我不断觉醒，顿悟，精进。

感恩每一位多年来一如既往关注、支持、追随我的读者朋友们，你们是本书存于世的意义所在。看着你们遇见幸福，遇见爱，在时光里成为更好的自己，我感到莫大的欢喜；我所有的良苦用心和付出的努力在你们幸福的微笑里都值得！祝福大家福慧双增。

感恩我的研究生文学导师李敬泽老师和黄开发老师。

感恩为本书著评作序的国际作家。感恩意大利的雪莲老师、土耳其的纽都然、杜门老师、智利的罗伯特、艾多老师以国际的视角读我，读我的书，带给我和中国读者以爱和能量！

感恩著名情感畅销书作家苏芩老师一如既往的支持！

感恩菲水生物科技董事长杨胜烤先生的支持！

感恩兰心文璟传媒全体同仁的后盾支持！

感恩我亲爱的闺中密友们，你们在时光里修炼成了越来越好的自己，树立了“与其追求爱，不如成为爱”的楷模！

感恩台海出版社和北京兴盛乐书刊出版公司，感恩赵涛先生和石胜利先生、刘挥女士倾心打造了这本让生活变得更加美好的书！

于幽兰居
2018年10月19日

目录

第一篇章 【一念迷即是地狱，一念悟即是天堂】

第二篇章 【爱情正确的打开方式】

第三篇章 【你所羡慕的幸福，都是有备而来】

第四篇章 【每一个婚姻，都是一场自我修炼】

第五篇章 【最美时光，遇见最好的自己】

第六篇章

第一篇章

【一念迷即是地狱，一念悟即是天堂】

寻找“备胎”的心态可以理解，只是，把对方当成“备胎”的同时，自己也很可能成为别人的“备胎”，还要随时做好“爆胎”的准备。一旦“爆胎”，很有可能前功尽弃，两头皆失，沦为孤家寡人。

一、“爆胎”有危险，“备胎”须谨慎

01

一位男士来工作室讲述了他的感情遭遇：

我和女友恋爱三年了，一直朝着谈婚论嫁的方向发展。近几个月以来，我总觉得有点不对劲。她很少在家待着，一走就是十天半个月，我问起来她说是出差。每逢节日，她都不在。但她和我保持着恋爱关系，在一起时和以往一样亲热，出差了在微信、电话里仍然卿卿我我。

前几天是端午节，之前我没联系她，想给她一个惊喜，于是节日当天我带着礼物去她家，像往常一样拿出钥匙开门。可是门被反锁了，房间里有电视机的声音！我觉得不对劲，就打电话给她。她不接电话，只发微信跟我说还在出差，左一个“亲爱的”，右一个“亲爱的”，非常亲热，就这样哄了我两个小时。我越发觉得可疑，发脾气使劲敲门，告诉她我就在她家门口，知道她在撒谎……

然后，一个陌生男人打开了房门，我看见她在里面……那个男人自称是她男朋友，问我是谁，为什么骚扰她……

我和他对质一番，真相大白——原来，她几个月前就一边和我保持恋爱关系，一边和这个比我年轻但不如我有钱的男人谈恋爱。她两边敷衍，和我在一起时对他说出差了，和他在一起时对我说出差了……和两个男人同时谈婚论嫁……两个男人都被蒙在鼓里……

02

类似的事情我听过不少，脚踏两只船的背后，其实是想多寻找几个“备胎”，边谈边看，再做决定。

很多男人这样做，很多女人也这样做。

其实也并非他们本性有多么不专一，只是在还没有选定称心如意的结婚对象前，自认为这样更保险。一般他们之所以采取这样的措施，有三种情况：

一种是和恋人发展到了瓶颈时期，面临着要么结婚要么分手的选择：一方面感情还有很多不如意之处，不甘心就这样结婚；另一方面又不甘心就此分手，毕竟投入了一定的恋爱成本。怎么办呢？——骑驴找马。一边保持恋爱关系，一边背地里寻找更合适的结婚对象。而要了解新的结婚对象，需要一定时间，其间必定要在两个人之间隐瞒、撒谎、周旋……

可终究，纸包不住火，谎言维持不了多久就会被拆穿。当行径败露时，两头都失去了，最后只剩下自己……

另一种情况是，保持单身状态，面对多个追求者，都采取“三不”策略——不主动、不拒绝、不承诺，同时继续寻找真正想要的那个人。这种现象最多见。很多单身男女就这样把对方当成“备胎”，也被当成“备胎”。一旦找到合适的结婚对象，理所当然地放弃“备胎”，各走各的路。

还有一种情况是，和两个追求者同时开始谈恋爱，没有先来后到之分，只看跟哪个发展得更好，再找个理由和另一个分手。

03

寻找“备胎”的男男女女们，这样做最深层的原因是——缺少安全感。

有的人，缺少独处时的安全感。他们耐不住寂寞，害怕一个人待着，身边不能缺少追求者，不能缺少男/女人陪伴。一旦没有，就没有了安全感，无所适从。哪怕随便找个人陪着，也觉得比没有强。

有的人，缺少时间上的安全感。恋爱需要投入时间成本，快节奏的工作和生活已逼得男男女女们想着法儿降低时间成本。恋爱本应是结束一段恋情再开始新的，现在却变成了还没结束就开始，或同时开始、同时进行。正是因为缺少时间上的安全感，怕耽搁不起，再加上如果到了谈婚论嫁的年纪，各种被催婚的压力，逼得男男女女们失了心智，急于求成，于是丢了原则，没了分寸，结局也乱了。

有的人，缺少爱的安全感。很多人寻找“备胎”，是因为心里不明白什么人适合自己，不确定眼前遇到的人合不合适，又担心其他追求者没耐心等不及，于是只好同时交往找感觉。还有的不满足于一个人给予的爱，不满足于一个人身上具备的条件，于是从多个人身上寻找从而满足需求。

明确自己想要寻找什么样的人，并且坚信能找到，宁缺毋滥，有底气有勇气彻底拒绝追求者，执着专情，这需要强大的内心和信念。很多人不具备这些素质，所以，或多或少留有“备胎”。

寻找“备胎”的心态可以理解，只是，把对方当成“备胎”的同时，自己也很可能成为别人的“备胎”，还要随时做好“爆胎”的准备。一旦“爆胎”，很有可能前功尽弃，两头皆失，沦为孤家寡人。

所以，亲爱的，“爆胎”有危险，“备胎”须谨慎啊！

> 姻缘就像偶然中的必然，必然中的偶然。不管偶然还是必然，都少不了自己那份坚定的决心，用心的行动。这也许正是对“七分靠人为，三分靠天意”最好的解释。

二、谁家父母不愁婚？

可怜天下父母心。从古至今，没有父母不操心女儿的终身大事——无论女儿是万众瞩目的明星，还是毫不起眼的普通人。

而如今的父母，更是面临着前所未有的压力和担心——女儿早已过了待嫁的年纪，还一直单身，貌似一点都不着急：抗拒父母安排的相亲，对父母觉得还不错的追求者不上心；一听到父母问起感情的事就回避，甚至不耐烦地顶嘴；谈了一次又一次恋爱，就是没个结果，不能让父母安心……

父母拿女儿实在没辙，看不懂女儿到底为什么还是不结婚，是女儿太挑剔了，还是不专情呢……

01

我经常遇到很多父母背后悄悄地向我诉苦，无论女儿多优秀，只要还没有结婚，他们的心始终是悬着的。可怜的老人家还忍不住拜托我：

“麻烦你多给我女儿介绍好的男生认识，好吗？”

“麻烦你帮我多劝劝女儿早点结婚，好吗？”

“麻烦你帮忙指点一下我女儿早点嫁人，好吗？”

……

每每这个时候，我都会微笑着先答应他们，然后很有信心地对他们说：

“您女儿这么优秀，想娶她的人多着呢。您不要着急，她不是不想结婚，而是想为您找个好女婿，这样您才放心，对吧？再给她一点时间哦。

“其实您女儿心里比谁都着急呢，只是她不想让您看到她急，让您担心她。她何尝不想快点找个好人嫁了呢？可是还没有遇到合适的人，总不能随便就嫁，对吧？您也希望女儿结婚能幸福，万一她随便嫁了，到时不幸福，您岂不是更担心她？

“您女儿心里明白着呢，您就随她去找喜欢的人，别勉强她接受您觉得不错的人，好吗？她喜欢了才能感到幸福呢。

“您别急，别看她现在还没有给您带个人回来，但只要缘分到了，一切都会很快。结婚、生子，说不定明天就如您愿了！”

……

02

亲爱的，我当然能理解你的苦衷，你绝不像父母担心的那样，但父母不担心是不可能的，也没有父母不催嫁的。而越是逃避、敷衍、抗拒、顶撞，越是让父母担心啊！

那么，我们身为女儿，应该怎样和父母沟通，才能尽量多地打消他们的担心、顾虑，让他们不因为着急而逼迫我们做不想做的选择呢？

怎样才能让父母放下心，多给我们一点时间选择好合适的人结婚呢？

这样的话，我们也不至于因为要给父母一个交代而慌乱地嫁错了人。

实际上，我知道，有时候是因为总碰不到合适的人，难免走弯路，甚至受了伤害也不敢对父母说，有苦难言。

我们长大了，父母却在老去，我们应该勇敢地承担每段感情、每个选择的结果，对父母报喜不报忧，这是子女应有的孝心。

有父母唠叨多好啊，说明父母健在，还有能力为我们操心。

当你嫌父母唠叨的时候，你会发现，有的女孩父母已不在人世，她们想听都听不到了。

03

在我小时候，我的妈妈就不在人世了，我心里一直羡慕别人家女儿有母亲唠叨。到了我待嫁的年纪，父亲心里自然也是非常着急的，加上他一直病重，更是特别担心等不到亲眼看见我结婚生子。

但父亲特别理解我，知道我的孝心，知道我也在努力，所以，他不想再给我增添额外的压力，无论在电话里聊天，还是见面，他极少主动问起这个话题。但邻居和亲戚们会在背后告诉我，父亲心里有多渴盼我早日结婚生子，只是不和我说罢了。

每每听到这些，我都忍不住自责，暗暗流泪。

父亲不问，不唠叨，我心里更加自责。

所以，我常常会主动地和父亲聊聊感情的事，说谁谁谁正追我呢，要父亲帮我参考，让他知道我一直在努力着呢，很快就会结婚，一结婚就生宝宝，让他老人家快点抱外孙……

即使还没有“饼”，我也要画个“饼”，让爸爸想象得到它是什么样子的。

亲爱的，如果你的父母明明心里有苦，却怕给你压力而隐忍在心里不说出来，你会更加有压力！所以，让父母尽情地唠叨出来吧，别让他们把焦虑和担心闷在心里，唠叨也是他们缓解焦虑的方式。

有亲人在耳边碎碎念，是多么幸福的事啊！

亲爱的，我是真的羡慕你有这样的父母啊。

04

其实，只要我们在态度上主动、积极配合父母的唠叨，他们能理解我们的。

如果他们没有充分理解，也是因为我们的沟通方式还不到位，言语上没有让父母理解、放心。

他们担心什么，你就针对性地化解他们的担心，他们自然就不会老催促你了。

除了在态度上、言语上配合催嫁的父母，我们自己也要暗自下定决心，不是嘴巴上说说，而是要拿出真正的行动来，给自己积极、正面又具体的心理暗示。

我永远也忘不了2013年3月父亲生日那天，我还是一个人回去，父亲没有说什么。

隔壁邻居家的小宝宝迈着蹒跚的小步来玩，父亲看到可爱的小宝宝，张开瘦弱的双臂抱起小宝宝，忍不住说："看到这么可爱的小宝宝，怎么能不喜欢、不开心呢？"

我永远也忘不了当时父亲脸上的表情：无比慈祥，无比喜爱，无比羡慕，无比渴望……

我马上转过身，躲到厨房里，不让父亲看到我奔涌而下的泪水。

擦干眼泪，我认真地对父亲说："爸爸，您放心，明年的生日，我一定让您当外公！”

爸爸半信半疑地说：“要是真能这样就太好喽！”

那一刻，虽然我还不确定自己的真命天子是谁，但我在心里告诉自己：一定要把终身大事当作头等大事对待，以最快的速度给爸爸带个女婿回来让他安心、开心，让他老人家早日抱着自己的外孙喜笑颜开，尽享天伦之乐。

姻缘就是如此神奇！

就在一个多月以后，我带着我的他回老家了，告诉父亲我们第二天就要领结婚证了！

父亲从来没有如此高兴过，我终于给父亲一个满意的交代了！

又一个月以后，我在电话里告诉父亲：爸爸，我怀宝宝了，预产期在您明年生日之前一个月！您明年生日的时候真的要当外公啦！

这是让爸爸最高兴的事了！而我，是真的兑现了两个多月前在父亲面前许下的诺言！

05

姻缘的神奇之处在于：仿佛上天冥冥之中早已安排好一切，只待一个最合适的时机成全你的心愿；又像是——你真正下了决心，并给自己正面、积极、具体而形象的心理暗示，然后付诸行动，就真的如愿以偿了！

姻缘就像偶然中的必然，必然中的偶然。不管偶然还是必然，都少不了自己那份坚定的决心，用心的行动。这也许正是对“七分靠人为，三分靠天意”最好的解释。

而人生，有太多无常变数，有太多遗憾。

父亲在三个月以后病重离开了人世，和20年前妈妈去世是同一天！出殡的日子也是在我的生日那天！

距离我的婚礼只有十天了，父亲终是没有亲眼看到女儿婚礼的盛大场面……终是没能等到亲手抱着外孙过生日……

爸爸走的最后一刻，我握着爸爸的手放在我肚子上，让爸爸抚摸着我腹中三个月的宝宝，爸爸带着满足而幸福的笑容离去……

06

虽然留有太多的遗憾，然而，如果我在父亲走的时候还没有结婚，还没有宝宝，那我真的要抱憾终生了……所以，我还是很感激上苍，让爸爸离开人世前知道了最开心的两件事：我结婚了，并有了宝宝。

我和宝宝是父亲生命的延续，我要为父亲好好地活下去，爱自己，爱宝宝。

亲爱的，我和你回忆起家事，是希望你能从我的经历中领悟到点什么。你现在明白我为什么那么羡慕你有父母碎碎念了吧。

你抱怨父母没有给你优越的出身，可有的人生下来连父母的面都没见到。

你烦父母唠叨，可有的人永远也听不到父母的唠叨了。

多一点积极响应，多一点行动落实吧！

珍惜这份碎碎念，好好把握，早日找到幸福，为自己争口气，也为父母争口气哦！

> 正常的恋人每天都应该有联络，如果打着恋爱的幌子超过两天以上才联系一次的，极有可能正在同时交往别的对象，希望找到更合适的、更好的。这就是所谓的“骑驴找马”现象。

三、有的异地恋，只是一个“骑驴找马”的故事而已

异地恋，是很多朋友正在面临或即将面临的境况。

感觉还不错的两个人，不想只因为不在一个城市而放弃恋爱的机会，于是开始了身处两地的相思。于是，你无时无刻不想着他，想看到他的信息、微信，听到他的声音，知晓他每天的动态，深更半夜卿卿我我地煲电话粥也解不了相思之苦，每天盼望着他早日回到自己所在的城市，相守不分离。

01

异地恋基本上都是以热恋开始的，不然，就不会开始了。

然而，慢慢地，三两个月之后，联系越来越少，盼望越来越少，相思越来越淡。直到有一天，你忽然想起，有一段时间没有他的音讯了，竟然也适应了与他没有联络的日子。再后来，你接到他结婚了的消息，或者，你有了新的男朋友。

很多异地恋的过程都差不多如此。

经常有女生通过微信公众平台问我：异地恋靠谱吗？

这实在是个让人难以回答的问题，异地恋靠不靠谱，主要还在于两个人之间如何把握、面对。

有的异地恋人熬过了相思之苦，经历了时间、地域的考验，最终走到了一起，他们非常珍惜来之不易的幸福。而更多的异地恋没能维持多久就散了。

没能修成正果的原因各异，而修成正果的原因是相似的：自始至终，彼此坚定不移，奔着要结婚的目标维系恋情，每天再忙也没有间断联络，虽然地域有距离，但心灵之间没有距离；虽然人不在一起，但知道彼此所做、所思、所想。趁着热恋，趁着彼此期待还很热烈，在事业与爱情之间懂得权衡、调整、改变，从而早日结束相隔两地的相思之苦。

异地恋能否成功，取决于热度期限：在两个人都处于热恋状态，都还有期盼的时候，尽快相聚在一起，不管哪一方去对方的城市发展，都必须做出调整和抉择。

02

打铁要趁热，这道理谁都懂。但在此时，要去一个陌生的城市，换新的工作，接触新的圈子，的确需要付出很大的勇气。

所以更多的异地恋是“思念望穿秋水，盼望遥遥无期”。结果，现实逼得人不得不“骑驴找马”了。

正常的恋人每天都应该有联络，如果打着恋爱的幌子超过两天以上才联系一次的，极有可能正在同时交往别的对象，希望找到更合适的、更好的。这就是所谓的“骑驴找马”现象。

有个女孩说前男友对她真的好痴情——认识四年以来，他隔一段时间会通过电话真情告白一次，长达一个小时以上：

“我好爱你。”

“我好想你。”

“我们结婚吧。”

“还是你好。”

“还是忘不了你。”

……

告白的时候真挚感人，女孩觉得他是个多么好的“备胎”啊，好几次差点被感动得想放下一切，千山万水投奔“备胎”算了。可每次通过电话之后，他就没有任何下文了，又一段时间杳无音信。

女孩隐隐约约感觉不靠谱，最终选择了一个看得见摸得着的人结婚了。

女孩的感觉是对的。如果真的靠谱，就不会在长达几年的时间内只说而没有行动了。事实上，他一直在跟别人谈恋爱，只是偶尔在喝了酒的晚上想起她的好怀念一下，或在寂寞孤单的时刻多愁善感一下而已。能在一起早在一起了，不能在一起，即使再给他十年时间两人也无法修成正果。

03

有句调侃的话叫：距离产生的不是美，是“小三”。

距离过了头，就会产生隔阂和疏远，越来越不知道对方在做什么，心里在想什么。形同虚设的恋人，在你寒冷的时候给不了真实的温暖，在你脆弱的时候给不了真实的拥抱，总之——当我需要你的时候，你总不在我身边。这时候，很容易被第三者乘虚而入。

所以，很多过了热恋期还没能在一起的异地恋背后，都有个不得不让人相信的真相：虽然双方还没有正式说分手，却各自在物色新的对象，谁都没闲着。相亲的相亲，交友的交友，约会的约会。

只是，谁都不会在尘埃落定找到新的恋人之前捅破那层窗户纸。

当有人提出分手的时候，事实上已经无法挽回了。

终究，这样的异地恋是一场不了了之的往事。

所以，亲爱的，不要想异地恋靠不靠谱。人靠谱，行动靠谱，那么异地恋也靠谱。不然，就只是一则“骑驴找马”的故事而已。

世上最受欢迎的人，绝不是把事实都毫无遮拦说出来的人，而是用美好的眼睛发现美好、不吝啬赞美和鼓励的人。世上最会说话的人，绝不是滔滔不绝口无遮拦的人，而是多说好话积口德的人。

四、别不好意思拒绝——以“关爱”为名的负能量

我们身处的环境里，潜藏着各种“不明显”的负能量，身在其中时，还没意识到，就已被潜移默化，面对这些潜藏甚至打着“关爱之名”的负能量，我们要怎么应对？

01

有一段时间，我经常去美容院做护理。

给我做护理的美容师是个“90后”女生，有一次，我刚从外地出差回来，原本很好的皮肤因为水土不服而显得暗沉粗糙。

她看到后惊叹：“哎呀，说实话，您的皮肤不如原来那么白嫩了呀！”

我解释了几句，她又关心了一通，说：“我们这里有款套装是做提亮的，真的很适合您……”

然后她给我做肩颈护理，因为伏案工作多，肩颈自然是有点酸

痛的，她又关心地说恰好总公司的技术总监今天来指导工作，如何如何厉害，可以帮我看看身体状况。

我盛情难却，勉为其难地听总监“诊断”，于是接下来我听到的几乎都是这里不好那里不佳的结论了，最后的建议是：我们今天搞活动，有一款产品专门针对您的问题，效果绝对好……

我的身体一向很健康，虽然明白她们这么说主要还是为了推销产品，但该死的是——接下来的一段时间里，她们说的那些不好的话魔咒般在脑海里萦绕，挥之不去！

原本从来没有那样不舒服的部位真如她们说的那样不舒服起来！

接下来几次在美容院做面部护理时，美容师又再三“关心”地强调她们认为的我的身体毛病，极力推荐做她们的护理产品才好。

虽然我很不想听这些负能量的话，心里很不舒服，但出于礼貌和人情，我极力忍耐地听着她们讲所谓的“专业知识”。

于是，我的身心状态和皮肤状态空前地变得不好，望着镜子中的那个自己，一点都不像以往的自己，也不喜欢这样的自己。

平时充满正能量的我，那段时间脑海里充斥着她们说的负能量的话语；平时用正能量影响激励他人的我，那会儿却被她们的负能量左右着身心……

02

再一次去美容院时，美容师又开始推销新产品：女人结婚生子之后，皮肤会变得越来越不好了，如果还不做好一点的护理产品……

我实在忍无可忍了，连续说了三声：STOP！

平时总是柔声细语和她们说话的我突然发飙，把美容师吓住了！

我严肃认真地对她说：你说的这些道理任何女人都懂，来这里的每个客人都有爱自己的意识，但是到这儿不是来听这些打击和负能量话的，而是希望听到你们的肯定和鼓励！如果你们只是一味地为推销产品而打击客人的信心，那么再好的护理也不会有多好的效果，你们虽然是出于对客人美丽的关心，但事实上这些言语潜移默化间给客人带来的是负面影响。我算是内心强大的客人，都会被你们的言语影响心情，那些对自身不够自信的客人听了就更受打击、更受影响了……

从那以后，美容师再也没有打着关心的名义说负能量的话了，反倒是感激我直言相告。

有趣的是，从那以后我的身心皮肤又恢复到以往的状态了——没使用她们推荐的任何产品。

03

类似的经历，我相信很多朋友都遭遇过，甚至比我受的打击更多，被推销的强度更大。

我们在生活中，难免会接触到一些服务机构，听到她们推销式的打击。

比如，在商场护肤品专柜，你还没开口，导购就会自以为专业地看看你的脸，说：“你的皮肤有很多斑，快用我们的美白精华吧……”

“你的眼袋很严重啊，这款新生眼霜适合你……”

“这款乳液只适合年轻人，你适合铂金系列……”

“你的细纹有点严重，我们最新推出的除皱霜很适合……”

总有些一心想着推销产品的导购会把你的“痛点”挑出来，强化、放大给你听！

事实上，没有女人对自己的缺陷不敏感的，而是太敏感了！

本来，每个人的心里对自己的外在多多少少有些不满意的地方，比任何人都明白，谁都不想被别人当面毫无说话技巧地指出来，但很多人推销产品时不懂人心，以为用“专业”的诊断消费者的不好之处就可以促使他们买产品，事实上，有时只会让消费者反感走人。

他们不知道，他们说的话，前半句是可以省略的，只要说后面的建议就可以了。

我们说话何尝不是如此，他人是我们的镜子，折射出自己身上的不足。

生活中不如意之事、丑陋之事够多的了，每个人缺少的不是对丑陋的揭露，而是对美好的引导。

每个人渴求的不是打着关心名义的打击，而是正能量的激励。

世上最受欢迎的人，绝不是把事实都毫无遮拦说出来的人，而是用美好的眼睛发现美好、不吝啬赞美和鼓励的人。

世上最会说话的人，绝不是滔滔不绝口无遮拦的人，而是多说好话积口德的人。

而同时，很重要的是，对待负能量，亲爱的，你有权力拒绝，有权力说不，有权力不被左右！

对，别客气啊！

人生路上每个人都必然会交各种“学费”，但“学费”也有多少和高低之分。那些屡次交同类“学费”的，定是败给了自身的弱点。

五、人生路上，我们能不能少交点“学费”？

01

两年前。

有一次，口红快用完了，钟情于口红的我准备开启新一轮采购计划。

现在用的这支口红颜色鲜艳，一般人用肯定觉得艳了点，但我的唇色较深，这支鲜艳的橙色调和唇色正好适合我，稍加点缀，瞬间便增添了几分气色。

可是人性总是有点“喜新厌旧”，女人对待化妆品也是如此。

“最近×××品牌出了款新唇膏，广告好诱人，可选颜色也很多，会不会有更适合我的一款呢？不过现在这支的橙色很适合我呀，要不要换呢……”

来到专柜，看到新款的巨幅广告，鲜艳欲滴的红唇，似乎在告诉每一个女人：这款是你独一无二的选择！

心里嘀咕着、纠结着：这款的广告是很好，但颜色好像不是最适合我……脑海里的“据以往经验”和诱人的广告进行了几分钟的较量之后，最终，还是没忍住买了那一支——毕竟这个品牌是我的最爱呀。

回家后，认真看镜子，对比两支口红的效果，结果发现仍然是原来的色号更适合我的唇色。

早知如此，我应该一如既往买支一样色号的呀！

02

不仅是口红，还有各种护肤品和彩妆，我们在别人的推荐和各品牌的广告诱惑面前，总是定力不够。选择太多，反而容易失去判断力。

“这款是×××明星推荐的，肯定错不了！”

“据说网红们都在种草这款产品呢！”

“听说这个都卖断货了！”

有的女性朋友还没找对适合自己的款，所以一直在尝试各种产品，结果那些不适合自己的产品都白白地闲置浪费了。

有的已经找到适合的了，但“喜新厌旧”或被“有没有更适合”的心理动摇了自己原来的选择。

但几经尝试比较之后，发现还是原来的比较适合，当然，有时候也会找到更适合的。

一支口红的失败尝试是小事，多比较多选择，这没什么不好，人生总会缴些“学费”，只是很多人给失败找了个最好的台阶下——就当交学费了，于是他们就一直在重复雷同的“不适合的选择”。

的确，人生道路上每个人都必然会交各种“学费”，但“学费”也有多少和高低之分。那些屡次交同类“学费”的，定是败给了自身的弱点。

03

也许，人性的弱点决定了，我们无论是选择一个人，还是一样东西，都忍不住“喜新”，然而很多时候，我们得到了“新的”，才发现“旧的”更适合自己。

有的人，喜欢尝试各种选择，一生都在循环选择中度过；有的人，一旦遇到了喜欢的、适合的，就不再旁顾其他，从此简单而执着。

有的人，一辈子都在尝试各种职业，经历是丰富了，但或许没有一项有成就的；有的人，一辈子执着地做一件事，就成了领域出色的人。

有的人，一辈子都在更换朋友，关键时刻才发现，朋友虽然越来越多，但锦上添花的多，雪中送炭的少，患难之交还是只有年轻之时结交的一两个。

有的人，一辈子都不满足只有一个爱人，总是在寻找“新鲜”的对象，到头来才发现都是匆匆过客，风雨同舟、不离不弃的只有糟糠之妻。

很多事情，我们不是没有捷径可走，但人性的弱点导致我们舍近求远。

很多时候，我们不是没有胸有成竹的事情可做，但人性的弱点导致我们为难自己，误入瓶颈。

很多东西，我们不是没有适合自己的，但人性的弱点导致我们喜新厌旧，购买一堆不适合的东西闲置，没有物尽其用，本是最大的浪费。

很多时候，我们不是没有找到适合自己的，但人性的弱点导致我们不知足，百转千回之后又回到原点。

这个世界上有捷径可走吗？

如果说有，那就是——走熟悉的和适合自己的路，不纠结，不回头，一直走下去！

做最擅长的事，专注，执着，坚持不懈做到极致！

这个世界上有最好的东西吗？

如果说有，那就是——选择最适合自己的。

不质疑，不动摇，一直用下去。

最适合自己的与别人无关，与品牌无关，与贵贱无关，最适合的就是最好的！

这个世界上有最好的伴侣吗？

如果说有，那就是——坚守身边那个让你有幸福感且不离不弃的爱人，一直相伴到老。

最好的伴侣与他人眼中的看法无关，让你幸福的就是最好的，无须和任何人比较。

爱美，是人之本性。爱美，也是良好的生活态度和人生追求。追求自身美的人，才更有资格追求他人的美呀！

六、嘿，别不承认，你就是“外貌协会”的

01

写下这个标题，我自己都偷偷地笑了。

《诗经》有云：窈窕淑女，君子好逑。《战国策》亦云：女为悦己者容。种种诗句都表明：“好色”，自古以来被天经地义地认为是男人“本色”。

虽有“爱美之心，人皆有之”之说，但在中国几千年的传统文化里，爱美指向的是男人爱美人。而在当今社会，已经有了翻天覆地的变化。过去，影视剧里播放的是大男主的戏。男主长相是次要的，凭的是长相以外的魅力俘获女主和观众的心。重要的是女主必须漂亮！不然，就很难讨男主和观众欢心了。

而今，收视率高的反而是大女主的戏。女主长相未必多么出众，靠的是自强不息、人格魅力等励志因素。重要的是男主必须高大帅！不然，就很难讨女主和观众欢心了。——要知道，大部分观众都是女性，能否满足女性心理需求，直接关系到收视率的高低呀！

再者，经过上千年传统的压抑，当下的女性看到大女主的小说

和影视剧，有种“扬眉吐气”的畅快感。

“讲男女平等，难道男人好色是天经地义，女人就不能光明正大吗？”当下，男人对女人有了更高的要求，要求内外兼修，与此同时，女人对男人的要求也提升了，一样希望对方“内外兼修”呢。

02

有科学研究指出，如果两个陌生人在无语言交流的情况下，对视1秒以上，双方没有将目光分离，就会有情绪产生。如果对视3秒以上，就会想把情绪付诸实践。

男人与男人之间是极少这样对视的，这种长时间的对视一般会发生在异性之间。有的异性一对视就“一见钟情”，而在这一过程中，无论男人对女人还是女人对男人，一见钟情的感觉往往是来源于外表的影响。

中国女性被上千年的传统文化压抑着，总是羞于承认在乎男人的外表，时至当下，内心的“小火山”终于渐渐爆发了。

几年前，在电视相亲节目里，如果某女嘉宾直言是“外貌协会”的，可能会被观众吐槽，被冠以“轻浮”之名。而事实上，全场的女嘉宾都在心里暗自观察男嘉宾的形象气质，只是，大部分女嘉宾不直言是因为不愿意在人前表现出自己对男性外貌的在乎。

生活中，你一定遇到过无数这样的对话，当你关心一位大龄未婚女友：

“你喜欢什么样的男士？”

“我也不知道……顺眼就行……”

“那对长相方面有什么要求？”

“没特别的要求，看着舒服就好啦……”

“这……”

03

之所以很多女孩都说不清自己的期待，有着潜在的原因。

有的女孩确实还不知道想要什么样的人，只有在经历中才能渐渐认知到内心的渴求——毕竟，对自我认知明了的女孩少有。

比如，对于男人外表这一点，有的女孩曾认为自己无所谓的，以为只在乎男人的内在，能接受长相不尽如人意的男人，无论大腹便便还是尖嘴猴腮。

而见过一个又一个人，进行一次又一次的尝试之后，才发觉自己始终无法爱上长相欠佳的男人，或者无法喜欢上某种长相和身材的男人。况且，很多女孩在懵懂无知的恋爱年华里，“情人眼里出西施”，经历过后连自己都不敢相信曾经会爱上长成那样的男人。

有个女孩说，认识的男士或有才华，或有财富，或温柔体贴，或大方洒脱，她觉得他们都不错，但就是没有爱的感觉。后来才恍然大悟——原来，这几位男士的个子都低于平均身高！而她内心其实喜欢高个子有依靠的感觉……别小看了这一点，就差这一点，就点燃不了爱之火！

而有的女孩明明心里清楚在乎男人的身高长相气质，但羞于承认，含糊其词，也难免走弯路，浪费时间。

时代强加给女性前所未有的压力，同时也赋予了女性前所未有的权利。社会支持有主张的新主性——比如，大胆宣告：我就是“外貌协会”的！

对啊，是“外貌协会”的，有何难以启齿？男人好色，女人好色，本质上没有区别。

男女平等，爱美平等，好色平等。

04

我的形象顾问Mercy就是这样有主张的女子。

与其说形象顾问的职业让她对美有超于常人的追求，还不如说，是她从小对美有超于常人的追求而让她成了国际形象顾问。

在众多追求她的优秀男士中，她选择嫁给了高大帅气身材好的那一位。她说，要共同生活一辈子的人，得看着养眼，至少要舒服才顺心、顺气。她就是喜欢先生帅帅地在她面前晃来晃去。

在办公室，她也要求员工讲究穿着打扮，有优美的形体。

我笑她是“外貌协会”的，她贼笑着说：“我以前是不自觉的行为，现在是在欣赏美。”

好友颖子一头短发，小个子，长相普通。几年前单身时，我们问她喜欢什么样的男生，她毫不犹豫地说：“有没有钱无所谓，有没有才华也不那么重要，但一定要帅啊！”

那时的我们还在笑她，认为这想法幼稚。未料几年后的一天，她突然发来婚纱照：照片上的他如她在梦想中描绘的那般高大、帅气、阳光！她在他身边小鸟依人，满脸幸福，再也不是曾经那个冷淡、“中性”的她了。

更惊讶的是：38岁的她，嫁给了24岁的“小鲜肉”！

这不是绝色女明星逆袭的故事，也不是偶像剧里博眼球的爱情故事，而是现实生活中普通女子如愿以偿的幸福分享！

呵呵，还有比这更励志的心想事成的择偶故事吗？

05

有的女孩就是喜欢高一点的，结实一点的男人，她才有安全感。前前后后的恋爱对象都是这种型的。

有的女孩就是喜欢精精瘦瘦的男人，喜欢的男星也是这种类型。

有的女孩就是喜欢身材健美的男人，那是她梦中情人的样子。

这和男人喜欢女人性感的胸部、白皙的皮肤、杨柳细腰、大长腿，本质上没有区别。

都说男人好色，其实，女人更好色。

男人走在大街上喜欢看美女，其实，女人比男人更喜欢看！看见美丽女子，女人会上上下下细细打量，还会回头再看，和同伴讨论美在哪里，想象自己能美成那样。如果认识了身材好的女子，“色眯眯”欣赏的程度一点都不亚于男人呀！

嘿嘿，有时我也被女性朋友们“盯”着看，还被肉麻地赞美。不过，谁不喜欢这种可爱的“好色”呢！

男人喜欢在电脑、手机上看美女，其实，女人比男人更喜欢看！放大看，每个细节！借此给自己一点刺激，找一找瘦身美容的动力呢！

亲爱的，你也做过这些事吧？！

我做过，我承认。嘿嘿。

爱美，是人之本性。

爱美，也是生活态度和人生追求。

追求自身美的人，才更有资格追求他人的美呀！

最后，我再问一声：亲爱的朋友，你是“外貌协会”的吗？

如果你不是“外貌协会”的，我要恭喜你有更宽泛的择偶机会。

如果你是，那么请大胆地承认——你有权利遵照内心的喜好选择爱人的外表。

心口一致，更能吸引——想要的爱人。

亲爱的，你累不累？男人终究是男人，女人终究是女人。再强大的女人也是可以依靠男人的。女人似水柔软，男人才有男子汉阳刚气概。家里没几件大事，犯不着为鸡毛蒜皮的琐事争执不休。家里不是讲理的地方，何苦锱铢必较，事事争赢。亲爱的，放手，放松。卸下强势的盔甲吧，别忘记——你仍然是个小女人呢。

七、小心！你的强势让他离你越来越远

01

在我的咨询里，绝大部分是来自女性朋友的咨询，有时也有男性朋友实在不知该如何对待爱人而来咨询的。

一位男士说，和妻子是从大学的初恋走入婚姻的。婚前，她温柔可人，善解人意，欣赏他的艺术才华，眼神中都带着崇拜。但是到了婚后有了宝宝，柴米油盐一地鸡毛的日子里，她变了，变得情绪化，强势，自我。小到孩子吃什么，大到买房买车，她都要做主，完全不听他的想法。每每吵架，无论对错，也必争赢才肯罢休。仿佛他已不是当初那个她欣赏的男人，已成为她强势下的“懦夫”。

不喜争吵的他渐渐选择了沉默，家里的事也懒得操心，任她操

心、做主，两人的沟通越来越少，心灵的距离也越来越远……

而他的妻子则向我诉苦：他创业阶段，加班是常事，家里的事情分担少，她一个人带孩子，操持家务，慢慢地坚强了，能干了，也无形中变得强悍了，强势了。在操持中抱怨，在操心中做主。渐渐地，就变成了他描述的那样……连她自己都没发觉在婚后几年时间里变得如此强势了……

很多男人虽不倾诉，但其实也有着和这位男士一样的感受。

而很多女人，也都有着跟这位女士如出一辙的心路历程。

曾经，那个娇柔等待他照顾的女孩，如今操持着一个家。

曾经，那个轻言细语的女孩，如今叉着腰伸出手指冲老公孩子大声吼叫。

曾经，那个望着他满眼爱意和欣赏的女孩，如今看他哪里都不顺眼。

曾经，那个约会前精心装扮的女孩，如今以邋遢的模样在他面前随意晃悠。

曾经，那个凡事先征求他意见的女孩，如今宁愿听外人的忽悠，也听不进他的想法。

02

岁月是把什么刀啊——将女人从柔弱变得强大，也将女人从柔软变得强硬。

同为女人，我深深懂得女人强悍背后的无奈和艰辛，婚前婚后的变化，亦是生活重压和重担下的应对。只是，为何他不仅不领情，还有着巨大的失望？

一位女性朋友说，她很容易被看起来“强大”的外人洗脑，而往往和家里的老公想法不一致，每当此时，她总是鬼使神差地听从了外人的建议，而对老公的想法充耳不闻。

有一次，有位号称很有能耐的男士告诉她一个天大的“商机”：手头有几套内部房源，自己已在那里买了别墅，还有两套公寓指标可以关照给她。房子价格确实很优惠，却在邻近的地州市，距他们工作的地方有一个小时的车程！在对方的“洗脑”下，她不顾先生的强力反对，拿出所有的积蓄还向双方父母借了些钱，买了那两套房，窃以为占了便宜抢到了“商机”。

冷静下来她才发现：自己把原本该在公司附近买学区房的钱，花在根本不会去住的地方，导致孩子上小学遇到困难，手头拮据，所谓买房投资待涨也是遥遥无期的事。

可是后悔已经晚了。

还有位女性朋友，虽然先生事业不错，不需要她为经济方面操心，但她总是按捺不住想赚“偏财”的心。

在理财顾问的鼓动下，她不顾先生的强力反对，将先生的存款和自己的私房钱全部押到股市，一心想着坐在家里等钱“翻几番”。

结果遇到股市大跌，亏得只剩十分之一，进退两难。原本生活宽裕的家庭变得拮据起来。

03

不能不说，我们身上存在极大的劣根性。

我们宽容客气地对待领导、老板、客户甚至陌生人，却苛责、挑剔身边人、重要的人。

我们如同欣赏偶像般欣赏成功的名人，却难以欣赏身边的人。

我们可以把笑脸送给陌生人，却难以在亲近的人面前保持好脸色。

我们在外人面前克制着情绪和脾气，却在亲近的人面前任性、失控。

我们和陌生人交心，关注时装，关心明星八卦，却忽视身边人的喜怒哀乐。

我们轻易地被外人忽悠利用，却总是抗拒身边爱人的逆耳忠言。

我们宁愿埋头看手机，刷着遥不可及的朋友圈的吃喝拉撒，也不愿意和就在身边的人说话。

——这是人性的悲哀。

有的夫妻好不容易买了新房，却因为在装修过程中各持己见，为墙漆的牌子、柜子的颜色、插座的位置等琐事吵得一拍两散闹离婚。

有的妻子全然成了“妈妈”的角色，既操心又强势，照顾孩子已经很累了，还把老公也当孩子一样，连喝口水也管冷暖。

有的妻子明明很辛苦操持着家庭，关照老公和孩子，心里充满了对家人的爱，但却常用“刀子嘴”将爱人伤得体无完肤。

04

有位优雅从容的女性笑着说：婚前我原本是个很独立、很有主见、很操心的人，而我先生也是这样的人。刚结婚那会儿，我习惯了相信自己，凡事亲力亲为，总是对他做事不放心，忍不住操心，过问。后来，我发现他值得我信任，于是我选择了放手让他去操心，做主。我们家和别人家相反：小事都由他做主，大事他会征求我的想法让我做主。事实证明，也因为我的信任和放手，他做得越来越好。于是我比很多操心的女性要轻松从容得多。

——这是在婚姻里大智若愚的女子！

谁做主，谁操心。

她懂得转换角色，勇于放手，舍得让爱的人受苦。

亲爱的，你累不累？

男人终究是男人，女人终究是女人。

再强大的女人也是可以依靠男人的。

女人似水柔软，男人才有男子汉阳刚气概。

家里没几件大事，犯不着为鸡毛蒜皮的琐事争执不休。

家里不是讲理的地方，何苦锱铢必较，事事争赢。

亲爱的，放手，放松。

卸下强势的盔甲吧，别忘记——你仍然是个小女人呢。

别小看你的话对她的影响，有时候这种影响甚至可能带来无法想象的后果。别不信“三人言成虎”的魔咒，她需要你有格局有智慧地引导她，提升她。一切都源于爱，只是，爱的方式方法才是我们要反思的。

八、有多少幸福毁在闺密手里

01

一个十几岁的孩子通过微信公众平台写信给我，说她有个“仇人”，这个仇人就是她妈妈的闺密。问她为什么这么恨妈妈最好的朋友，她说，因为每次妈妈和爸爸吵架，妈妈背后就和闺密倾诉，这个闺密每次都“愤愤不平”“添油加醋”“火上浇油”：

“啊！他怎么能这样呢……”

“如果我是你，我早就离婚了……”

“他这样做，你应该以牙还牙……”

诸如此类的话，打着关爱闺密的旗号，让矛盾更加激化。以至于女孩妈妈听到后不但不能化解矛盾，反而更加添堵，更加委屈，更加不平衡……因为小事情动不动就要和爸爸离婚……

这种情况确实应该引起我们的思考：身为女性，作为她人的闺密，我们称职吗？我们单方面的维护和关心，究竟帮了她们，还是害了她们？

02

每个人家里都会有柴米油盐的琐碎事情，每对夫妻都会有摩擦吵架的时候，每个家庭都有日常相处带来的矛盾，只是多少不同、程度不同而已。家家都有本难念的经，户户都有不如意之事。

比如，和老公吵架，和婆婆闹别扭，和妯娌不和……

女人和家人吵架之后最先想到的是倾诉，渴望得到安慰，而很多女人的倾诉对象就是自己的闺密。结果，生活中很多闺密听了好友的委屈之后，确实开始"安慰"了，但很多时候这种安慰只是站在了闺密的立场上，而不考虑闺密整个家庭生活大局。

这样的安慰结果是——女人觉得闺密在立场坚定地维护自己，但她们往往没有注意到，伤害的矛头是对准自己的家人。

当一个女人数落家人不是时，如果另一个女人在一旁迎合着数落，那么，再完美的家人也会被批驳得体无完肤。

03

闺密的安慰当然是出于对好友的心疼和维护，然而，结婚之前和结婚之后，做人家闺密也是有区别的。

比如，好友结婚前，被各种男人追求，有时候难免"当局者迷"，身为"旁观者清"的闺密要为好友把关，将真相直言相告。

在她还没结婚，还能做选择的时候，好好帮她理清思路，找对相伴一生的爱人。

而等到对方好不容易结婚后，我们就应该考虑到，除非是那种极其不幸福不合适的婚姻，绝大部分的婚姻都会有不如意和争端，这时候我们对闺密说出的关于婚姻的建议就应该慎之又慎了。

那么身为闺密，又应该如何对待女友的倾诉呢？

这考验着一个女人的智慧和格局。

04

几个闺密到小青家相聚，各自都已为人母，已经好久没有这样聚会过了。大家围坐在客厅聊得热火朝天，小青的婆婆则在一边做家务。聊得太开心的小青疏忽了一边玩耍的宝宝，结果小家伙在沙发边跌了一跤，立刻大哭起来。

婆婆走过来唠叨了小青几句，然后就把宝宝抱到房间去玩了。这本来只是一件很小的事情，生活中每天都可能发生，小青也没有太在意，因为婆婆直性子、大嗓门，平时和谁说话都是这样的语气，但第一次见到小青婆婆的闺密们不了解老人家，所以看到婆婆大声地责怪小青，误以为婆婆对小青特别凶。

事后，闺密们纷纷跟小青说，她的婆婆实在太凶，自己的婆婆就不会这样……

小青解释了几句，虽然明明知道婆婆是这样的性格，平时对她还是不错的，但闺密们你一言我一句“心疼”的话，像魔咒一样激发她对婆婆某些地方的不满，心里难受起来，越想越难过，越想越委屈，此后很长时间，小青跟婆婆的相处都不自然。

原本自己从来没有在意过的问题，一旦被闺密指出就会变得格外地严重。事实上，长期生活在一起，哪有可能一点问题都没有呢，就算是亲生母女之间也会有类似的摩擦。

小青的这场家庭矛盾本来是可以不必发生的。

如果其中有一位是理性、有格局、有智慧的闺密，一定不会跟着“起哄”，对婆婆群起而攻之。面对其他闺密的偏激，一定要帮老人家说几句“公道话”，而不是人云亦云。毕竟，小青自己都承认，婆婆总的来说对自己是不错的，不能因为小细节而抹杀掉其他的好。

没有完美的媳妇，更别奢求完美的婆婆。

就算小青的婆婆当时采取的做法真的不太好，也可以多提提婆婆好的方面，让小青那一刻不会因为人云亦云而失去判断，也就不会那么难过了。

聪明的闺密甚至还可能故意说自己的婆婆哪些地方不如小青的婆婆，这一切都是为了让小青懂得知足，懂得包容，懂得感恩。

——毕竟，小青不可能换婆婆啊！除非想换老公！

05

小琴的老公之前有过一次婚姻，孩子归前妻抚育。小琴事业有成，年收入上百万，她跟老公关系也非常好。最近小琴遇到了一件让她有点郁闷的事——她发现老公瞒着她给和前妻共同的孩子超过约定数额的抚育费。

她把这事告诉了几个闺密，有的闺密也为她愤愤不平，甚至怂恿她去找丈夫的前妻闹一下。而有一个闺密却轻描淡写地说：这没什么啊，你那么爱你老公，给他的孩子多一点抚养费还舍不得吗？从另一方面说，也证明你没有爱错人，你老公是个有责任心的爸爸！你那么有爱心，就当你多资助一个需要帮助的孩子，何况这个孩子还是你爱人的亲生孩子。人都是你的，你还在乎那点小钱吗？你如果理解他，他会从心里感激你，会更爱你哦！

简简单单几句话，就让小琴纠结郁闷的心瞬间释然了！这位闺密知道，小琴心疼的不是那点钱，而是在意老公对自己的爱，有点和小孩子“吃醋”。

事实上闺密知道，小琴很爱自己的老公，不可能就因为这点小事离开老公……

既然如此，何不顺着她的心去宽慰呢！

06

有的闺密带给好友的是无法衡量的福气，为好友提升了幸福指数；然而也有很多的幸福，毁在闺密的“打抱不平”里。

身为人家的闺密，我们要怎么做？

聪明的闺密会怎么对待女友的倾诉抱怨呢？

比如，抱怨老公的，可以拿自己老公的缺失和女友老公的长处相比，多强调女友老公好的方面，强调爱她之处。

“你老公很爱你的，照顾家庭也很细心啊，我老公要是有他的一半就好了……你比我幸福呢……”

这是一个万能句式，无论闺密抱怨谁，都可以用类似方法宽慰她。

生活中，很多人对幸福的感知能力很弱，对别人的幸福又特别敏感！总在羡慕别人的幸福，感叹自己的不幸。对于她们来说，幸福是比较出来的，如果是她充分信任的闺密踩着自己的缺失和“不幸”来衬托她的幸福，小心思在短时间内会得到满足——这是人性的弱点决定的。

07

什么是有智慧的闺密呢？

前提是你所做的一切都是为了好友好，这种“好”，不是指单方面地、不问对错地维护她，而是带着化解矛盾的想法去开解，让好友舒心，而不是给她添堵，火上浇油。

她是因为自己难以疏导才来找你的，潜意识中希望的是得到疏导和化解，而不是来找“雪上加霜”的。

因为，你要考虑到她不只是一个个体，她有了家庭、爱人、孩子，她的思想行为直接影响到一家人，她的心情直接影响到家庭的幸福稳定！

事实上，她不能因为你的看法而抛弃家人，除非她过得实在水深火热般不幸。

否则，你能保证她离开家人后一定会幸福？

所以，站在家庭幸福的大局上比站在她个人的立场看问题更重要！

08

什么是有格局的闺密呢？

当你听闺密倾诉时，首先要保持冷静，帮她正确地判断分析，还需要突破小我的局限。宽慰、肯定、鼓励，都是需要宽广的心胸和看人看事的高度，尤其对于对幸福感知能力弱的女友来说，甚至要故意夸大自己的缺失去衬托她的幸福，这不仅需要有对闺密至深的爱，还需要心性有格局。而这正是突破一个女人局限性的考验，也是让自己变得大气的历练。

所以，方式方法比心意更重要！

别把女友想得太强大，如果她足够强大，就不会脆弱到要和你倾诉了。

别小看你的话对她的影响，有时候这种影响甚至可能带来无法想象的后果。

别不信“三人成虎”的魔咒，她需要你有格局有智慧地引导她，提升她。

一切都源于爱，只是，爱的方式方法才是我们要反思的。

爱她，就要站在她的家庭大局考虑、劝说、宽慰。

爱她，就要为她的幸福着想，用你的宽容、善良和智慧去引导她。

闺密之间，大家都幸福了，才是真正的幸福；大家都好了，才是真正的好。

而亲爱的，反过来，当你在家庭生活中遇到矛盾冲突，向闺密倾诉时，同样要学会在倾诉中冷静下来，分辨、过滤闺密的话，不要被一些“同仇敌忾”的话冲昏了头脑，做出不智的决定。

选择对你真正有帮助的话听，不要被完全左右心情——毕竟，任何人都不如你更知晓家人的好啊！

第二篇章

【爱情正确的打开方式】

苍蝇不叮无缝的蛋。想遇到好男人，得先做好自己，让不靠谱的男人远离你，缘分才会慢慢向你靠近。改变了自己，才能远离噩梦，遇到好的男人。

一、为何你总是遇人不淑

有个女孩的情感之路颇为不畅，她说自己在恋爱中总是遭遇类似的人，重复雷同的恋爱经历。她抱怨老天爷为什么总是捉弄她，让她一而再再而三地遇到失败的恋情，为何她总是遇人不淑，碰不到好男人呢?

在和这个女孩交流的过程中，我发现了一个问题：她一直只顾着倾诉自己的不幸遭遇，却听不进别人的建议。也就是说，她倾诉，只是想找个人倒倒情感垃圾，像祥林嫂一样宣泄一下自己的情绪，而不是想通过交流找到恋情失败真正的原因，得到切实的帮助。

由此可以推想，她在日常生活中可能也总是固执己见，听不进身边人的想法和建议，也难怪总是重蹈覆辙了。

01

有的女孩总是被已婚男人盯上。他们一开始隐瞒已婚的事实，后来被发现了就打着跟妻子感情不和即将离婚的幌子继续欺骗，厌倦了之后再找个冠冕堂皇的借口分手。

姑娘啊，这世上哪有那么多年纪不小了还单身的男人？哪有那么多会为婚外情而离婚的男人？

你遇到的基本都是用情不专的情场高手，盯准了你的天真你的傻才下手的。

人家在游戏人生，你却当他是真命天子打算跟他谈婚论嫁，结果可想而知了。

明知道他是已婚男人，还抱着侥幸心理等他离婚来娶你，我们姑且不谈道德问题，只是想问你一句：人生有多少青春年华经得起如此折腾消磨？这样耗下去最后耽误的是你自己啊！

有的女孩总是容易“一见钟情”。

她们动辄山盟海誓，闪电式地陷入突如其来的“爱情”里，如飞蛾扑火般奋不顾身。激情来得快去得也快，过不了多久，她们发现对方完全不是自己最初认识的那样，于是感觉从天堂坠入了地狱，闪恋闪分。

姑娘啊，现实生活里哪有那么多浪漫的电影桥段？那些都是事先设计好了的，一见钟情，二见薄情，三见绝情。泛滥的爱不是真的爱，有时只是被寂寞突然撩拨起来的欲火而已。

02

有的女孩总是遇到向自己借钱的男朋友。

他不仅花她的钱，还找各种理由不断借她的钱，甚至以她男朋友的名义向她的朋友借钱，而这一切都是以谈婚论嫁为名。

有的甚至将结婚请帖都发出去了，婚礼的前一天却卷款而逃。女孩辛辛苦苦挣来的积蓄都被男人骗光，还要赔上不少的青春年华。

姑娘啊，如果你有同情心，就多去做点善事救助一下真正需要帮助的贫困儿童吧，何必便宜这样的渣男！

这样的男人就是看准了你的同情心，预先编好借钱的理由，步步下套等着你钻。你们还不是夫妻，没到你来救助他的地步。骗财、骗色、骗感情的骗子不只存在于曝光的新闻里，冷不丁可能就被你碰上了。

03

有的女孩总是为不靠谱的男人怀孕、堕胎，男人撒手而去，她落得一身病痛，甚至终生不孕。

姑娘啊，你悠着点吧！现在虽然观念比较开放，但女孩子还是保守一点稳妥些，别那么快就经不住诱惑投怀送抱啊。能不能先想想这个男人是否值得你托付身体？你是否做好了保护自己的措施？身体是自己的，自己都不爱惜身体，还指望谁能爱惜你啊！

有的女孩总是遇到有暴力倾向的男人。不知是她偏爱这类男人身上的某个优点导致她重复选择，还是她的性情容易激发男人的暴力倾向呢？一旦发现男人有暴力倾向，不管他有多好，能逃多远就逃多远，惹不起总躲得起呢。

有的女孩每次恋爱都把持不住自己，很快交付身心，每次都无果而终。在这样重复的恋爱中存在共同的问题，可惜她无法吸取上一次失败的教训，总是重蹈覆辙。

苍蝇不叮无缝的蛋。想遇到好男人，得先做好自己，让不靠谱的男人远离你，缘分才会慢慢向你靠近哦！

04

女孩子在成长的道路上，偶尔遇人不淑，不足为奇。

但是勇于从摔倒的地方爬起来，善于吸取教训的女孩子，不会在同一个地方再次跌倒。痛一次，伤一次，长了记性，日后遇到类似的人，出现类似的苗头，都会赶紧避开。

而如果总是重蹈覆辙，说明你太糊涂，太顽固，太自我！

糊涂到好了伤疤忘了疼，一而再再而三地让自己遭受重创。

自我到总是相信自己“当局者迷”的判断，不撞南墙不回头。

顽固到听不进任何人的善意提醒，我行我素，每次情感失败都因为同一个问题。如果听不进逆耳忠言，神仙也救不了你啊。

这样的女性，在情感道路上总是遇人不淑，也就不奇怪了。

姑娘，别让你的心灵“失聪”。敢对你说真话、说直话、说难听话的人，都是为了你好。打开心，虔诚地听一听自己信得过、又有判断力的人的逆耳忠言，尤其要虚心地向智者请教。他们是你情感道路上的贵人，接受贵人的帮助，少走弯路，胜走万里路啊！

最重要的是——你要勇于反思自我，懂得内省，把那个走错了路的自己重新拉回来！

改变了自己，才能远离噩梦，遇到好的男人啊！

在这个世界上，不管你是萝卜还是青菜，总有喜欢你的他。最重要的是，你要找到喜欢你本色的人。如果他是你的真命天子，你一定能感受得到他对你实实在在的关心，而不是说说而已。

二、他是真命天子，还是“烂桃花”

一个女孩来工作室咨询，说家里催婚，最近她通过某相亲网站认识了一个人，两人在网上聊得挺火热，女孩自觉与对方性情投合。见了两次面以后就开始谈婚论嫁，憧憬以后的幸福生活。女孩暗自欣喜，以为找到了期待多年的真命天子，马上要像童话故事里的公主一样和王子走入婚姻的殿堂了……她带他到单位见了同事，告诉了父母自己快要结婚的消息，两人很快同居了。可好景不长，一段时间后，对方说要出差，结果就再也没有音讯了……女孩蒙了，怎么都想不明白是怎么回事……

01

这年头有太多“风一样”的男子，来无影，去无踪。你把他当真命天子，其实他只是你生命里刮过的一阵风而已。

另一个女孩说邂逅了一个男生，彼此一见钟情。刚开始，两人无话不说，恨不得马上结婚。可同居相处后才发现，两个人的性格差异非常大，每天吵架不断，有时还大打出手，原来一见钟情的感觉也荡然无存。感觉来得快，去得也快，两人很快分手。

我们容易把初相识时感觉好的人看成是自己的真命天子，而其实这只是一种错觉——相爱容易相处难，何况婚姻需要一辈子的相处啊！姑娘，不要太迷信一见钟情了。

02

很多女孩不是缺少人追求，而是被众多追求者迷了眼，乱了心，分不清谁才是自己的真命天子，不知道该果断拒绝谁，不知道该给谁机会，不知道该珍惜谁……

总之，追求者越多，心里越乱，像一团乱麻一般理不清。

“眼前这个追求者，口口声声说很喜欢我。接受他？可是我还没找到喜欢他的感觉。拒绝他？又怕错失……”

“他是我喜欢的类型，但他对我不冷不热，我该不该主动追求他呢？”

“他说要和我结婚，我是盼着结婚，可我们才认识，相互都不了解呢。可万一错过了一个结婚对象呢？我该怎么办？”

……

女孩子因为感性，因为盼嫁，在感情的事情上容易当局者迷，判断失误。尤其遇到善于表白、锲而不舍、善于制造浪漫的男人，就招架不住，误以为他就是自己的真命天子了，后来才发现这段感情其实是“烂桃花”，不是真正的姻缘。

03

有的男人，是真心喜欢你，却没有信心娶你为妻，顾虑重重，怕给不了你幸福——即使你并不在乎他能不能给你什么。在这里我要告诉你们，没有信心娶你的男人，终究不是你的真命天子。让他暗恋下去吧，他注定是只能默默把你放在心里、带着心痛祝福你的那个人。

有的男人，和你认识很久了，友情以上，恋人未满，有点暧昧，热一阵冷一阵，热的时候连续好几天向你表白自己的感情，冷的时候半年不见人影。正常的恋人之间必然有持续的联系，这种忽热忽冷的男人不是你的真命天子，把他当成一个一般的朋友吧，感情或浓或淡都无关紧要。

有的男人，很喜欢你，但彼此性格极其合不来，他的喜欢带给你的是压抑和负担，你过得一点都不快乐，还不如一个人时开心，朋友们从你脸上的忧郁就能看出你的恋情并不快乐。我们结束单身，渴望和对方在一起，是希望两个人在一起比一个人更舒心、更幸福。只有爱却不能让你开心的男人不是你的真命天子。亲爱的，别留恋那份爱了，你并不缺这样的爱，而是缺少让你幸福快乐的爱。

有的男人，你完全不了解他，认识之初，他很会自我包装，把自己说得近乎完人，信誓旦旦地说结婚后会对你多好。这样的人只是想快点和你发生关系。没有耐心、不懂珍惜你的男人不是你的真命天子。真正诚心想结婚的人不会夸夸其谈，不会只把爱挂在嘴边而不行动，不会急不可待地想占有你的身体。这样的男人，他既然将自己说得那么优秀，应该有足够的自信被你拒绝喽，嘿嘿。

有的男人，痛诉婚姻的不幸，感叹和你相见恨晚，似乎一切都合乎你的心意——除了不是自由身。他一边要你等他离婚，一边转身和老婆孩子尽享天伦之乐。亲爱的，这样的男人不可能是你的真命天子，不要抱着他会离婚的幻想了，能走在阳光下的两个人才会幸福。

04

如果他是你的真命天子，他一定不会把“喜欢你”停留在嘴上，而一定会用实实在在的行动传达对你的爱。无论发生任何事，你都能真真切切地感受到他的诚意、他的在乎、他的心疼，绝不会困惑地问其他人：“他对我好吗？”你一定能肯定他对你是真的好。你要找的是一辈子的爱人，如果他不能对你好，为什么要嫁给他呢？

如果他是你的真命天子，一定不会以忙为借口冷落你，不关心你，不见你。一个男人如果真的想娶你，他一定会在百忙之中主动联系你，无论用何种方式。他也会千方百计让你开心，留意你喜欢吃的菜，关注你关注的事物，打听你的兴趣爱好。如果他总说很忙，一定是他不那么想见你，或还在犹豫要不要和你发展下去，否则，再忙也能在吃饭、睡觉的时间里挤出时间和你联系。

如果他是你的真命天子，他喜欢真实的你，懂得你的好，他会耐心倾听你的声音，了解你的内心世界。人世间有百媚千红，他独爱你这一种。你在他面前能打开心扉，畅所欲言，释放真实的自我——真实，舒心，自在。

如果他是你的真命天子，在你需要他的时候，他不会以任何借口推托，不会只是用“对不起”“我爱你”哄你，即便相隔千山万水，他都会第一时间赶到你身边，陪伴你，照顾你。一百句“我爱你”不如一句“我们在一起”实在。

如果他是你的真命天子，他会理解并支持你做真实的自己，做喜欢的事情，不会强迫你为他改变，为他牺牲——他知道做真实的自己会让你更开心。

在这个世界上，不管你是萝卜还是青菜，总有一个喜欢你的他。

最重要的是，你要找到喜欢你本色的人。

喜欢才能包容，包容才能长久幸福，而不是让自己扭曲成一个伪饰后的陌生人。想找到真正适合自己的知心爱人，要做的不是一开始就扭曲自己以适应对方，而是展现真实的自我，找到真正喜欢自己的他。

亲爱的，当你真正遇到，你会很清楚地知道——他就是你等待多年的真命天子。

一个靠谱的男人也有不靠谱的时候，也有不靠谱的行为。之所以不靠谱，在于他出于什么样的目的，遇到了什么样的女人。要找到靠谱的男人，自己首先得靠谱。

三、你的美好青春，不该被不靠谱的男人耽搁

俗话说男怕入错行，女怕嫁错郎。

幸福的关键，是要嫁给一个靠谱的男人。

01

如今，不靠谱的男人随处可见，冷不丁就碰上了。能不能避开不靠谱的男人，找到靠谱的男人，不是命好不好的原因，而在于你能不能鉴别什么样的男人不靠谱、男人的哪些行为不靠谱。

在电视剧《咱们结婚吧》中，高圆圆饰演的桃子，因为善良单纯，因为恨嫁，被那个不靠谱的“画家”欺骗，若不是亲耳听到果然的手机录音戳穿他，她真的会被他肤浅的伎俩感动得嫁给他了。

被不靠谱的男人欺骗与女人的智商和年龄无关，无论是不谙世事的小姑娘，还是职场上精明能干的女强人，如果遇上善于欺骗的男人，被其抓住软肋，情商、智商瞬间变为零的概率非常高。

尤其是，这种欺骗，都是以爱为名。

02

有时候，你把他当成男朋友，他却没把你当成女朋友。也就是说，他是你男朋友，但你不是他女朋友。

你把他毫无保留地带到自己的朋友圈、工作场合介绍给别人认识，而他找各种借口不让你接触到他的圈子，从未告诉过你他的确切的工作地点，从未用办公室的电话打给你，你除了见过他的一两个狐朋狗友，没见过他的领导、同事、家人。

正常的男女朋友交往，一定是彼此圈子的交融。即使在初步交往阶段，有诚意的男人也会让你知道一些你该知道的基本情况，而不是含混不清，借故封锁。

如果他处处对你设防，最大的可能是，他压根儿没想过和你交往多久，封锁你了解他的渠道，就是为了防止不久后的麻烦。哪天他借故分手或突然从你的生活中消失，除了一个电话号码，你根本没有其他联络他的方式，找不到与他有关的任何人，只能哑巴吃黄连了。

03

有的男人在本地或外地打着和你谈恋爱的旗号，却三五天甚至半个月才打一次电话给你。

你责怪他为什么没有每天打电话给你，他说实在太忙了，连睡觉都顾不上。

你生气不接电话，他说好想你，忙都是为了以后能给你更好的生活条件，唯一一点空闲时间都给你了。

如果你当真以为他百忙之中抽空想你了，从而把他当成男朋友，期待着他有朝一日风风光光娶你，那等来的就只有失望了。他打电话约你见面的频率会越来越低，直到有一天没有了任何音讯。

正常的男女朋友交往，如果不见面，每天无论再忙再累，他都有时间、有心思打电话给你。

即便他身在外地，也应该每天都跟你有电话、短信、微信联络，即使没见面，你手里也有一根风筝线拉着，知道他的去向。

最大的可能是，他本来就有固定的女朋友，更有甚者他其实是已婚男人，你只是他生活中的调剂品。

你为之感动的“忙中偷闲联络”，其实是他在无聊寂寞的时候想起了你，打打电话调调情而已，如果能和你以男女朋友的名义上床，那就再好不过了。

04

一个靠谱的男人也有不靠谱的时候，也有不靠谱的行为。之所以不靠谱，在于他出于什么样的目的，遇到了什么样的女人。

有的女人对待感情不专一，以为自己是情场高手，甚至主动勾引对方；有的女人明知道对方有稳定的家庭，却因为喜欢对方，幻想用自己的“魅力”将他抢来，占为己有。

自己都不靠谱的女人，难怪会经常遇到不靠谱的男人了，即便遇到了靠谱的男人，也会激发他做出不靠谱的事情。所以，要找到靠谱的男人，自己首先得靠谱啊！

一个靠谱的女人，如果不能以慧眼甄别男人靠不靠谱，吃亏的是自己，怪不得老天爷不公平，更怪不得别人。在一个地方跌倒后，下次要知道避开绕行。

女人不怕晚一点找到幸福，最怕被不靠谱的男人耽误。

女人不怕嫁不出去，最怕嫁给不靠谱的男人。

如果你想在一个男人面前示弱，让他看到你柔软脆弱的一面，最好的办法就是找个合适的时机哭一场。如果你想走近一个男人，拉近你们之间的距离，就要善于在与你有距离的男人面前掉眼泪，拉近彼此心灵的距离。

四、不哭一场，怎知他有多爱你

女人是水做的，每个女人都有流泪哭泣的时候，然而，不是每个女人都懂得，在他面前该如何哭。

当生硬的言语刺伤彼此，如何用泪水消除两人之间的摩擦？

当他怒火中烧时，如何用泪水瞬间将其融化？

当用其他方式无法沟通时，如何用泪水营造柔软深入的沟通氛围？

当两人吵到剑拔弩张时，如何用泪水将他刚硬的心化为绕指柔？

01

三个闺中密友携各自的老公、男友一起出游，其中一对已在幸福的婚姻里，另外两对还在恋爱中。

白天大家都玩得很开心，返程中，已婚的女子充满期待地问闺密们的男友：哎，你们什么时候结婚？好想快点喝你们的喜酒。

此话一出，刚才还聊得热火朝天的几个人突然沉默起来，大家都停止了说话，车里的气氛非常紧张、尴尬、僵硬。闺密A为了打破僵局，开玩笑似的向男友撒娇：求求你喽，快点娶我吧！男友只好应声：快了啊，我们会加油的。

闺密B的男友话到嘴边又咽回去了。B见此情形，故意说：要嫁给谁还不一定呢，我还没想好。

这两个闺密的男友性格各不一样：前者不是第一次承诺要结婚了，但一直没有下文；后者沉稳理性，不轻易承诺，一旦承诺就兑现。婚姻毕竟是一辈子的事，对于女人而言要考虑再三，对于男人来说，同样也有各种顾虑，做出结婚的决定也需要勇气和动力。深知闺密们盼着结婚的女子问这话是故意刺激两位男士，想试探他们的反应。

可以说，截止到这一刻，两位男士都还没有下定决心结婚。只是前者表现得更积极一点。

本来挨着男友坐的闺密A与男友拉开了距离，脸色愠怒，不再说话。显然，她生气了。闺密B则低下了头，让长发遮住半边脸。

下车后，B独自往前走。上楼出电梯门的瞬间，他看见她噙着泪水，楚楚动人。他知道他刚才的表现令她失望了、伤心了。

02

进了家门，她坐在沙发上，泪水再也控制不住哗哗地流了下来，柔弱的肩膀颤抖着。

他把她拥在怀里，为她擦拭，开始心疼、自责。她越哭越伤心，从无声地流泪到压抑地哽咽。他安慰她，她开始用哽咽的声音说话，说突然觉得自己好不孝，昨天病重的妈妈问起她的终身大事怎么样了，她为了安慰妈妈，只能用善意的谎言回答说快了……

说到伤心处，她控制不住放声痛哭。

他从来没有看到过平日坚强的她如此脆弱，哭得如此伤心。他知道妈妈是她最亲的人，他知道她很孝顺。听着她的苦衷、她的难处、她的自责，他越发心疼，责怪自己为什么面对这么好的女孩还犹豫不决，为什么不早点承诺给她一个温暖的家。她柔弱无力地倒在他怀里哭诉平时压抑在心里不好说的话，不但没有抱怨他迟迟没下决心结婚，反而要他不要为难，不用顾及她的感受。如果为了完成妈妈的心愿，她可以选择别的追求者结婚，只要他幸福就好……

他这才知道，原来她一个人心里承受了那么大的压力和辛苦，而她对他又是多么理解和宽容。他发现原来自己是多么爱她，没下定决心向她求婚只是顾虑到自己经济条件还不够好怕她受苦。但她说她看重的是他的人，经济方面暂时不如意不重要，相信以他的能力能创造他们以后美好的生活……

平时，这些话不方便摊开说，说起来总是显得刻意，显得矫情。而在这样的情境下却自然而然地说出来，伴随着泪水，她说出了自己的难处，表达了自己的良苦用心，也打消了对方的顾虑……真实、感人、深刻……在那一刻，他再也不想因为犹豫而失去这么好的姑娘了，不想再让她伤心、哭泣，只想好好让她依靠，呵护、疼爱她！第二天，他就向她求婚了……

而那位在车上承诺了的男孩至今还没和A结婚。每次A提到结婚的事，男友仍然借故拖延，她不像B那样柔软，宁愿发脾气也不哭出来。

03

从这个真实的故事中，我们可以领悟到：眼泪是上天赐予女人的专属的武器，要善于用泪水示弱，善于在泪水中表达心中所想。

很可能，泪水带来的是意想不到的惊喜呢。

有时，眼泪是万能的，但如果控制不好，也会带来反作用。所以，在他面前如何哭，是一门微妙的学问。为什么有些女人的哭泣让男人更加心烦？因为，在不该哭的时候哭了，在不该哭的场合哭了。

你可以在男人不理你的时候流泪，可以在他生气的时候流泪，可以在他强硬的时候流泪，但不能在他烦躁的时候毫无节制地哭——这时候哭，只会让他更加心烦意乱。这时候他需要的是静下心来，需要你给予他温柔抚慰，而不是用哭的方式让他来安慰你。男人要面子，如果你在众人面前因为他做得不好而用哭控诉他的不是，他会感到特别没面子，甚至会觉得自己无用。

这是场合不对。

哭是二人世界里的事情，除非在众人面前被他感动得哭了。

在他面前哭，不是要发泄不满、表达抱怨，而是表达难过、无助、柔弱，以及沟通内心的真实想法，博得他的怜爱、体谅。

如果他做错了事，抱怨、怒骂反而会消减他内心的负疚感。你的泪水，是他反省自我的最佳良药。

04

不要轻易在他面前哭，哭多了就成了林妹妹。要哭，就要择时、择事而哭。要哭，就要达到你想要的效果。有时，哪怕你很想哭了，也要避开，不让他看见。眼泪，只是偶尔一用的撒手锏，是在其他什么招都不管用的情况下不得不用的大招。无声的流泪、隐忍压抑的哽咽、号啕大哭、痛哭，都是要看情况来的，滥哭无用。

如果你想在一个男人面前示弱，让他看到你柔软脆弱的一面，最好的办法就是找个合适的时机哭一场。

如果你想走近一个男人，拉近你们之间的距离，就要善于在与你有距离的男人面前掉眼泪，拉近彼此心灵的距离。

不哭一场，怎知他爱不爱你，有多爱你……

这世上绝没有不求回报的男女之爱。其实，不把男人的这些话当真，也是祛除自己内心的贪恋！

五、男人的哪些话，你姑且听之

有句话说：“男人用眼睛恋爱，女人用耳朵恋爱。”说明女人容易把男人的话当真，不仅在恋爱中，在面对还没有确定恋爱关系的追求者时，也容易当真。

男人有说的权利，你有选择性听的权利，也有不当真的权利。

男人的哪些话，你可以姑且听之，但不要当真，不要放在心里呢？

01

一种是本身就不靠谱的男人欺骗你的话；另一种是男人虽然是认真许下的，但因为人性的自私、爱的自私、人生的无常等因素而无法兑现的承诺。

每个女人都喜欢礼物，礼物意味着惊喜。而有些男人正是利用女人的这一心理，以礼物为诱饵，接近、控制女人。

聪明的女人会自己努力购买心爱之物，不会因为礼物而被男人掌控。

永远不要把男人口口声声喊着要送你礼物但从来没付诸行动的

话放在心上。而且，这样的男人连做朋友的资格都没有，因为他没有诚信可言。

一个女孩说：“我曾碰到过一个人，还是在讲台上冠冕堂皇被无数人尊崇的知名讲师，说喜欢我。我从一开始就反感他，没理会他。可笑的是，他以为送礼物就可以打动我，一会儿在QQ上留言说过几天去法国，一定要带个新款的Chanel（香奈儿）包送我；一会儿说下个月去哪里哪里旅游，一定要买块那里的好玉送给我；一会儿又说我生日那天要寄个新款iPad给我……每次说完，都没有下文，而且脸皮厚到似乎完全忘记上次的承诺了。他在我眼里，就像一个小丑，自导自演，我只是淡然一笑。后来，我把这个人拖进了QQ黑名单……”

做得漂亮！

女人对待厌恶的人，有权利做得绝情。

02

很多女人一直活在男人的承诺里。

“宝贝，等以后我有钱了，我给你买宝马……”

“宝贝，我会永远爱你，非你不娶……”

“宝贝，先把孩子打了，等我们条件好一点，我们就马上结婚生孩子……”

“宝贝，我这一辈子只会爱你一个人，没有你我活不下去……”

“宝贝，再等我两年，我挣到了买房子的钱就回来和你结婚……”

“宝贝，我会一直无私地爱着你，不求回报地爱你……”

……

男人的承诺或许也是真心的，只是谁能知道以后会怎么样呢？生活只有当下！珍惜每一个当下！

当两人分手，看到曾经山盟海誓的他和另一个女人结婚生子，拥有自己曾经设想的生活，有的女人心生抱怨：当时，你不是答应过我的吗？怎么能辜负我？

其实不是他辜负你，人生本来就是如此——无常地变化着。生活是一段一段的，一直在前行，只是女人还活在男人过去给的承诺里。

当他还拥有你时，或者还希望拥有你时，他的承诺是真心实意的。而爱本身就是自私的，是有欲有求的。当你不再属于他，还能奢望他无欲无求地对你好，继续爱你吗？

03

有女孩来信说，和一个已婚男人谈了两年的恋爱，她相信他是爱她的，是真心想离婚娶她的，所以一直等着他。最近，男人哭着说事业特别不顺，跌入谷底，怕耽误她，怕给不了她想要的生活……一万个对不起，无奈，忏悔……最后说，他会永远爱她，要她别等他离婚了。等他事业发展起来了，他一定给她买个大房子补偿她，装修成她喜欢的风格，摆上她喜欢的家具，只要她愿意，两个人还可以继续……女孩问：该不该相信他的承诺？

真是当局者迷啊！

女孩啊，相不相信，有什么区别呢？

稍微清醒一点的人都会明白，这不存在相不相信的问题。

如果你渴望他所承诺的房子，即便将来他真的送你了，可是，你没听明白吗？他的意思是，他送你房子，你继续做他的情人！

一所情人送的房子和一个幸福美满的家庭，孰轻孰重？

聪明的你，一想就明白了。

不要心存贪念，不要抱有侥幸心理了！要想幸福，有且仅有的一种选择就是赶紧离开他，整理好心情继续前行，寻找能给你名分给你家庭的男人，对以前的承诺一笑而过！

04

有的女人侥幸地希望，一手白玫瑰，一手红玫瑰。

和适合结婚的人结婚，同时继续享受昔日恋人的爱。

如果他是有责任、有原则、有分寸的男人，就不会在彼此的婚姻外暧昧，因为这样做势必影响彼此的家庭。

如果他是没有责任、没有原则、没有分寸的男人，那更危险了，更担不起破坏你的家庭的责任！

其实，不把男人的这些话当真，也是祛除自己内心的贪恋！

——这世上绝没有不求回报的男女之爱。

懂得把握幸福的女人不会贪恋不属于自己的东西，不会有不切实际的幻想。做个实在的女子，面对现实，珍惜当下，珍惜用行动爱你的男人，且行且珍惜！

对有些事情不能含糊不清，该拒绝的必须果断拒绝，别让它们阻碍了你的幸福；同有些人不能纠缠不清，该赶出生活的必须狠心清除，别让他们的存在阻碍了你的真命天子的到来！

六、有时候，狠心远比多情好

不能不说，在对待感情上，女人比男人更傻、更糊涂，分不清善良与愚蠢、单纯与无知、宽容与纵容之间的界限在哪里，尤其是在处理过去的情感时容易优柔寡断、拖泥带水、混淆不清。

01

一位38岁的未婚女性向我倾诉，她从19岁开始谈恋爱：第一段恋情谈了十年；第二段谈了七年；目前正在谈第三段，交往两年了，还没走入婚姻殿堂，觉得不太合适，但担心如果分手又耽误了两年，自己再也耗不起了。

试想，在长达十九年的恋爱生涯中，如果在适当的年龄和一个人结婚生子，孩子也不小了。那么又是什么原因让她谈了十九年恋爱还没能走入期盼已久的婚姻呢？

她满腔悔恨地说，在每段恋爱过程中，她很早就发现对方不合适，但因为舍不得分手，不忍心分手，于是分分合合一耗就是多年，等到实在无法相处下去了才结束，然后又重蹈覆辙，让悲剧重演一次。一晃十九年过去了，等到第三段恋情快结束时她才开始反省：因为优柔寡断，自己的青春年华都被折腾没了。

02

有时，时间过得太慢，等待真命天子的时光让人度日如年；有时，时间过得太快了，一眨眼青春年华已逝。

是岁月太残忍还是自己太多情了？

对不靠谱的人太过依赖了，对不该留恋的人太多情了，对明知没有结果的感情太执着了，说到底，是不够狠！对他人不够狠心，结果在无谓的人身上耗费情感；对自己不够狠心，明知长痛不如短痛，还是选择了长痛！

当无缘人成为过客，当孽缘成为过往，谁为你的青春年华买单？唯有自己。

好不容易分手后还“死灰复燃”，央求你言归于好的男人大有人在。

他在某个醉酒的深夜打电话向你哀诉，没有你的日子如何悲惨。

事实是——他早已有了新欢，正好新欢不在身边。而你还在自责，反省自己是不是真的不该离开他，似乎他没有你真的不能活。

他在和新欢吵架后，冲动之下找你见面痛诉新欢的不是，懊悔不已地握着你的手说还是觉得你好。

事实是——你只是他的垃圾桶，他把因新欢而产生的情感垃圾倒给你，你却把垃圾当珍宝，以为自己是女神，似乎全世界只有你能拯救他。

他在谈了几轮新的恋爱之后又恢复单身，无聊寂寞之余想到了你，请求去你的闺房坐一坐，感慨万千之后深情款款地对你说：

“我们结婚吧。”

事实是——他辗转比较之后实在找不到比你更傻的人了，抱着侥幸心理随口一说，而你当成天大的事认真地听，还感动得泪流满面。

明明各自有了新的生活，你已经找到了真正的幸福，他还死皮赖脸地以关心的名义扰乱你平静的生活。

事实是——他看不得你和别的男人那么好，心里不舒服、不平衡。

03

而你还常常背地里瞒着爱人和他私会叙旧，保持联络，自己的动态让他了如指掌。

你以为可以在现在的爱人和前男友之间游刃有余，结果却因此葬送了本已到手的幸福。

更有甚者，除了言语上的骚扰，还会在身体上引诱你莫名其妙地做糊涂事。

如果你觉得这样对待过去的人是出于善良、单纯、宽容，或者对他还放不下，还有留恋，那么，残酷的现实最终会给你惨痛教训：多情不但换不来真情，反而会惹祸上身。

这样是非不分、糊涂愚蠢的人，如何找得到幸福！

04

女人的心，是一块田，这块田，自己要负责任地打理好。那些不合适的人和情感就像杂草，不开花结果，可是春风吹又生，不停地扰乱你的心智。要狠得下心根除杂草，才能腾出空地来播种希望。如果种错了东西，即便再费力也是白费心力。心田的养分是有限的，杂草丛生，必定会抢了作物的营养，可能还会让作物夭折。

亲爱的，你的心田只能由自己负责。你是主人，要明白什么是杂草，什么才是你想收获的花果。不能什么都想要，什么都要有的结果可能就是什么都没有。

对有些事情不能含糊不清，该拒绝的必须果断拒绝，别让它们阻碍了你的幸福；同有些人不能纠缠不清，该赶出生活的必须狠心清除，别让他们的存在阻碍了你的真命天子的到来！

这样的你才令人欣赏、钦佩，才能拥有幸福！

我为这样的你鼓掌！

正常恋人之间该有的发展过程不能省，因为每一个阶段都是了解他以及考查彼此是否真的合适所必须经历的。

七、这才是正常恋人之间的交往模式

世界真大——人海茫茫，红尘滚滚，弱水三千，我该取哪一瓢饮？

世界真小——茫茫人海，滚滚红尘，三千弱水，我却不知去哪取一瓢饮！

问世间爱为何物，直叫人望穿秋水！

01

如今，社交圈越来越广，交友渠道越来越多，然而，渴望爱和幸福的单身男女们，却仍然很困惑——我要去哪里遇见爱呢？

同事圈、朋友圈、老乡圈、同学圈，各种社交圈；相亲活动、相亲网站、微博、微信、街头邂逅……这么多结识渠道，都有可能遇见幸福，遇见爱。有知根知底的圈子，也有陌生的世界。

在知根知底的圈子里，若能找到幸福的伴侣，自然最好不过——不必担心上当受骗，不必担心未知的隐患。然而，更多时候、更多人无法在熟悉的圈子里找到爱。

每个人的圈子里，有单身的男孩子，也有单身的女孩子，他们都很不错，都是好男孩、好女孩，他们能成为朋友，却成不了恋人、夫妻。

现在与陌生人认识的方式太多了，相亲、旅行、网上交友，甚至手机摇一摇就能添加陌生人作为朋友。对于这种开放的环境，女孩子该以什么样的态度来面对呢？面对陌生的世界，我们该注意些什么呢？

02

一个女孩写信倾诉她的遭遇：

我今年26岁，和很多女孩子一样，盼着早点找到合适的对象结婚。两个月前，我去朋友开的咖啡厅参加聚会。正当我们聊得很开心时，隔壁桌有位老人过来搭讪，朋友说最近几天都看到他在这里，于是我们出于对顾客的热情，和他聊起来。他“无意”间说他“儿子”是某单位高管，30岁了还单身，向朋友打听有没有合适的女孩介绍给他“儿子”认识。朋友没想太多，随口就说我是单身。于是，我们就这样在开玩笑中认识了，他要了我的电话号码。他“儿子”很快打电话约我见面了，开始了对我的猛烈的追求。

兰心老师，您别笑话我，其实说“猛烈的追求”，无非就是用花言巧语迷惑我，并没有付出任何行动。因为见过他“父亲”和我的朋友，所以，我放心地把他当成谈婚论嫁的对象，带他见朋友、见同事，还在微信上公开晒幸福。大家都以为我遇到真命天子了。他说等几个月要单位派他长驻我在的城市工作，我们就结婚，买房，买车……

有一天，他很难过地对我说，老家的小表弟得了重病，要一大笔手术费才能救治，他把多年的积蓄垫上了，身上只留了几百块钱。我天真地被他的“善良”感动了。从此，他名正言顺地在我这儿吃住，所有开销都花我的。不仅如此，他还隔三岔五找各种借口向我借钱。我是个心软的人，他利用我的同情心把我的积蓄花得差不多了，然后，他说要去东北出差。可是分开的第二天我竟然在逛街时碰到他和另一个女子手牵手……后来经查实，原来他和所谓的“父亲”是联手欺骗单身女孩的骗子！骗钱、骗色、骗感情，有好些女孩子和我有同样的遭遇，可是没人去公安局告发他，所以他可以继续行骗……

兰心老师，我好傻、好天真、好失败啊！这件事对我打击很大，心里的阴影让我再也不敢和陌生人交往了……

03

很多女孩和这位女孩一样，善良、单纯、天真，加上恨嫁的急切心理作祟，很容易在和陌生人交往的过程中被欺骗、利用。但是将陌生人一概拒之门外也不是办法，我们可以通过以下几方面来甄别他们的用心。

一、核实他的身份等信息，包括身份证、婚姻状态、工作地点等。如果他不主动带你去单位见同事，你可以巧妙地提出，有诚意又靠谱的男人会向你敞开他的工作圈。

二、见他的多个朋友，不只是他的狐朋狗友。通过观察他的朋友，可以从侧面了解他。

三、凡是向你借钱的交往对象，不是骗子就是身无分文的人，这是最基本的常识。

四、如果他隔三岔五才联系你，说明你们的关系还没发展到恋人的阶段。

五、深夜打电话“骚扰”一下他，看他是否方便接听。

六、矜持保守地对待他，判断他有没有耐心。

04

如今QQ、微信方便了随时随地联系，但也影响了现实生活中的交往。有的女孩仅仅通过微信、QQ、电话和不了解的人“谈恋爱”，聊了几个月还没见过面。亲爱的，如今早过了网恋流行的时代，没有在现实生活中真正地交往过，你无法了解他和他的世界。

电视相亲节目也成了很火爆的相亲交友平台。我常常看见电视相亲节目中女嘉宾将不顺眼的男嘉宾批得体无完肤，尖酸刻薄的话脱口而出。她们不是去相亲的，而是去挑刺的、找碴的、作秀的！不管是导演安排的还是自己内心的真实想法，这样说话都不是明智之举。无论是场上的男嘉宾还是电视机前的观众，都不会对这样的女嘉宾有好印象。以这样的形象出现，怎能遇见爱呢？

女孩子应该留口德，管住自己的嘴。管得住自己的嘴，才能管好自己的其他行为，才能管好爱人。

交友的途径越来越多，这是好事，但也因为交友范围的极大外扩而不那么容易了解对方的真实情况，很多时候难以甄别真伪。如果对他不是知根知底，那么，不管是通过哪种途径认识的，女孩子都必须保持理性清醒、保守矜持的态度。

正常恋人之间该有的发展过程不能省，因为每一个阶段都是了解他以及考查彼此是否真的合适所必须经历的。

当局者迷的时候，要听一听信得过的智慧长者给出的清醒分析。不要停留在网络、微信等聊天方式上，一定要在现实中见面交往。在交往的过程中，女孩子还是“悠着点”好，别急于答应确定关系，更不要急于交付自己的身心，要时刻记得保护好自己啊！

05

将这首《前世今生》送给亲爱的你，祈愿你早日遇见想要的幸福，遇见想要的爱：

前世
我是你楚地采桑的女子
日复一日年复一年地穿梭于桑林
只为等待有一天
你的马车经过我的桑园
只为等待你的惊鸿一瞥
瞬间的凝望
丢弃了所有的矜持
只为了将我的模样
在你记忆中定格

今生
在恍若隔世的故土
——那采桑的地方
你我重逢
穿越时空的搜索
终于忆起
你我是前生未了的芳魂
眷恋于尘世只为寻找
前世那次邂逅的影子
而后擦肩而过
如同生命中注定的传奇

当真爱来临时，没有早一步，也没有晚一步，刚刚好。遇见你，便是爱情最好的年华。

八、你相信一见钟情吗？

01

亲爱的朋友，如果我问你：你相信一见钟情吗？

或许，你会把头摇得像拨浪鼓似的立马说：我不相信！这年代，想找个差不多的结婚都难了，还一见钟情呢……

或许，你会犹豫片刻，搜寻记忆中是否有过一见钟情却未果的片段……

或许，你会期待地说，我相信，但那是可遇不可求的……

每个人的看法来自自身的经历和周边人经历的反馈，以及所看到的部分社会印象，而无论亲爱的你相信或不相信，我听过无数情感的故事，也亲眼见证过无数美好爱情的发生。

包括，一见钟情。有偶遇相识的一见钟情，也有通过相亲认识的一见钟情。

02

好友子雅，是一位年轻的阮咸音乐演奏家，像她这样从小专注于音乐的女孩，心性简单，心无旁骛，不喜社交应酬，不善钩心斗角。她有着独特的古典之美和艺术气质，曾被很多男士“一见钟情”，但是，她从未遇见过心灵上契合的男士。

很多朋友费心给她介绍相亲对象，但都没有找到“感觉”和“缘分”。大家为老大不小的她着急，她自己也很着急，但却丝毫不想将就着结婚，就一直这样耽搁着……

我在进修时认识的一位男同学李睿也大龄未婚，他是影视行业年轻的翘楚。虽在鱼龙混杂的影视圈，难得他既能应对复杂的工作，又保持着简单率真的心性。

由于几年来都没遇见过合适的女孩，他开始拜托我帮他留意有没有合适的女孩。

我问他喜欢什么样的女孩，他也说不清，要求就是要能产生精神上的共鸣——即传说中的“灵魂伴侣”。我感到压力山大——这在相亲世界里，是最难找到的。

我尝试过和两位优秀的单身女孩说起他的情况。

其中一位女生的第一反应是：啊？他是影视圈的？听说影视圈很复杂，潜规则也很多，何况他又是领导……

不论我和她如何解释他的与众不同，她的头脑被“惯性思维”占据，迟迟没有答应见面。

另一位女孩未对职业有异议，但她是“外貌协会”的，无论我说李睿有多好，她最感兴趣的始终是：能发他的照片先看看吗？让我找找感觉？

而他一心扑在工作上，在生活上属于大大咧咧的男生，不怎么讲究穿着打扮，也没拍什么照片，没有一张比得上他本人的照片。

正当我为照片为难时，好友子雅在微信上问候我，我突然灵光一闪：怎么没想到介绍他们俩认识呢？他俩很般配呀！

于是，我给他们俩分别描绘了对方，其实我只是简单介绍了几句工作方面的情况，更多的是描绘人的感觉。他们俩对彼此都产生了极大的兴趣！两人虽在不同城市，但他们也都没有因异地而退缩。

在微信上聊了一小段时间之后，他们便迫不及待地见面了。

子雅一袭白裙，长发飘飘，伫立在春风中，回眸一笑，他的生命突然苏醒……原来，他一直要找的梦中女孩，就在这里……

平时叱咤职场的他见到心仪的女孩，突然间变得好羞涩，还带着些许的紧张。

子雅也被他的才情、素养、幽默、温暖深深地打动了，他是如此的与众不同，原来，他就是她一直坚守等待的真命天子……

多年为单身所困、被外界认为在寻爱道路上挑剔又固执的两个人，经过短短几个月热烈的异地恋之后，很快就走入了婚姻的殿堂！

婚后的他们经常向我分享幸福的点点滴滴，也让我感慨万端啊！

当遇到合适的人，在别人眼里不合适的地方都合适，就连在别人眼里的短处都是恰到好处的优点。

这才是爱情原本该有的模样。

亲爱的，你也为他们感到欣喜吧？

03

继续分享一个真实的故事。

好友小丫发来一张全家福：她、先生和一岁的宝宝。满满的幸福溢出照片，我庆幸，当年没有像其他人一样反对他俩在一起……

四年前，一直愁嫁的小丫潇洒地只身前往云南旅行。有一天，她独自骑车环游大理洱海，途中被一块冒出来的石头绊倒，正在难以起身之时，后面骑行的男孩迅速停了下来，扶起她，帮她包扎伤口，送她回去时发现，他们竟然住在同一家客栈！

从那天起，男孩在客栈帮她整理房间，为她做饭，照顾因受伤行动不便的她。

她发来男孩做饭的照片，抑制不住心中的幸福，向我们宣告：我终于找到了属于我的“暖男”！

当好友们得知，男孩不仅小她五岁，还是一无所有的背包族时，大家都一致表示不看好、不支持他们在一起。

而向来敢爱敢恨、敢做敢当的小丫不顾众人的意见，坚定地和男孩热恋了。

一个月后，她带着他回到了长沙，见了亲朋好友，然后很快领了结婚证，办了场简单而又浪漫别致的婚礼。虽然婚纱和礼服都是租来的，但两人幸福得像韩剧里的男女主角。

婚后，他们没有像寻常夫妻一样准备生孩子，而是买了一辆便宜的二手车，带上简单的家当，摇摇晃晃地开着上路了。

朋友们再度表示不理解他们了：这两口子既不抓紧时间工作挣钱，也不生娃，居然放下一切当背包族了！

他们历时半年，自驾游历了大半个中国！在他们眼里，趁着年轻，趁着自由，携手行万里路，是人生中多么浪漫而难得的体验啊！

最浪漫的事，莫过于——遇见一见钟情的你，携手走进婚姻的殿堂，然后陪你看花开花谢，潮涨潮落，踏遍千山万水……

后来，当朋友们看到他们陆续晒出旅途中上万张极致的照片时，瞬间理解了他们，然后只剩下羡慕……

他们先是租房子住，后来凑钱买了小公寓，尽管只花了很少的钱去装修，但是小屋却被他们精心布置得浪漫温馨，连那些住在别墅豪宅里的朋友都羡慕他们简单而真实的幸福。

时至今日，当初不被看好的他们成了朋友里幸福的楷模！

问小丫当初为何毅然选择嫁给一无所有的他。

她说，她比任何人都知道自己想要什么，适合什么样的人。她和钱没有仇，但她在乎精神上的享受远远超过物质上的享受，因而不会以世俗的物质条件设限。她明白自己需要温暖、宽厚的爱人，而他正是这样的人。

04

亲爱的朋友，我是因为这两对夫妻的幸福美满而忍不住分享给你的，我听说过无数一见钟情的真爱故事，但他们是我亲眼见证幸福的夫妻，是真正励志的爱情故事。

总结类似他们一见钟情的真爱故事，都有着共性：不以世俗的眼光去设限，不以功利的心去衡量，不以势利的心去对待。

他们让我更加确信——浪漫故事不只在小说和影视剧里，更在生活里。

他们让我更加确信——这个世界上，真能遇见理想中的爱人，仿佛量身定制一般契合。

他们让我更加确信——世事如何变迁，这个世界都不乏浪漫而美好的真爱存在。

茫茫人海，人来人往，错过千万人，只为等到世上属于自己的他/她。拒绝千万人，只为守候他/她的到来。

你相信吗，这个世上，总有一个人，是为你而生的。

只在于，你有没有足够耐心地等待。

只在于，你有没有足够用心地找寻。

只在于，你有没有一双慧眼穿越芸芸众生识别出他/她。

只在于，你有没有打开心扉，让爱进门。

只在于，你有没有做好让他/她爱上你的准备。

只在于，你有没有在遇见他/她之前力求遇见更好的自己。

当真爱来临时，没有早一步，也没有晚一步，刚刚好。遇见你，便是爱情最好的年华。

我爱你，不光因为你的样子。

还因为，和你在一起时，我的样子。

我爱你，不光因为你为我而做的事，

还因为，为了你，我能做成的事。

我爱你，因为你能唤出，我最真的那部分。

我爱你，因为你穿越我心灵的旷野，如同阳光穿透水晶般容易，我的傻气，我的弱点，在你的目光里几乎不存在。

第三篇章

【你所羡慕的幸福，都是有备而来】

有的男人对有的女人只有身体上的欲望，也是因为这个女人只能满足他身体上的渴求。而两性世界里并非都是世俗意义上的一时的激情和身体的欲望。男女之间的情爱并非只有“性”，关键在于你能满足得了他哪些层面的渴望。

一、两性世界里，你满足了他哪些层面的渴求?

01

某书给我做过一个访谈，谈到两性世界里微妙的情爱关系：精神与身体；爱与性……

我提出的反问是：两性世界里，你满足了他/她哪些层面的渴求?

是的，渴求是分层面的，不只是精神与身体、爱与性那么简单。

如同人性并非只是善与恶这么简单。复杂的人性，决定了两性世界里的情爱，也是多层面的渴求。

如果你问男人对女人有哪些渴求？人性是贪婪的，每个男人当然都渴望拥有集美貌与智慧才情于一身、满足精神和身体渴求的完美女子。这样的女子确实存在，但和同样完美的男子一样世间少有，俗世红尘里更多的，是平凡的、不完美的芸芸众生。

注定，一个人无法满足另一个人所有的渴求。

那么，亲爱的，在两性世界里，你满足了他哪些层面的渴求呢?

02

从人的动物性来看，首先是身体上的渴求。多巴胺的分泌，是最原始和初级的欲望。

进而是对美的渴求。美，包括长相、身材、声音、谈吐、气质……是内在美和外在美的融合，也就是我们常说的“内外兼修”。

如果问男人喜欢美女还是才女，这很难回答。男人当然希望才与貌是一朵并蒂莲花。有才无貌，有貌无才，都有遗憾。有貌无才的女子会让人短时期内喜欢，却不一定能赢得欣赏和尊重；有才无貌的女子会令人欣赏敬佩，却不一定能受人喜爱。

女人的才与貌在男人心中到底是怎样的关系？很多才女被冷落，终是因为容貌不够吸引人；很多美女被当成“花瓶”，终是因为徒有其表，腹中空空，缺乏魅力。

如果一个美丽的女子腹有诗书才情，在一群平庸的美女中能脱颖而出；如果一个才华横溢的女子容貌秀丽身材窈窕，在一群姿色平平的才女中如鹤立鸡群。

男人对才貌双全的女子趋之若鹜，如果你是才女，则更要让自己外在美丽。如果你是美女，则更要多历练才气。

03

心灵上的渴求。每个人的内心都渴望异性的理解、懂得、欣赏、鼓励和抚慰。

有温暖力的人懂得在人的心尖温柔地推拿。

当男人感受不到你的心灵，你和别的女人也就没有什么区别，顶多是相貌和身材的不同罢了。你能指望这样的男人不会只想着和你有身体上的接触吗？

有温暖力的人一定知晓人性，知晓好歹，知晓距离。

知晓人性中的劣根性，知晓人性中的缺失和渴求，才能找到温暖的钥匙。

人性是什么？

人性是善良的，也是复杂的。复杂的人性背后，每个人都害怕孤独，每个人都渴望被认同，每个人都最在意自我。

人性是不珍惜完全掌控的东西，人性是失去了才珍惜。

人性是时间自然积累感情，人性是久远了就腻味了，人性是爱的状态必定随着时间起伏。

人性必定是以貌取人。

人性是人人都脆弱，都孤独，都无奈，都焦虑。

04

人与人之间最奢侈的渴求是灵魂上的。

有的人，即使每天碰面，也没有交集，只是擦肩而过，多说一句都是客套和多余。而有的人，一见如故，相谈甚欢，一个眼神，便已相互懂得。

每个人都有灵魂，但不是每个人都有真正的“灵魂”，有灵魂上追求的人更是少之又少。

对没有灵魂追求的人来说，灵魂是多余的。

对有灵魂追求的人来说，灵魂上的懂得和共鸣是生命最极致的愉悦。

男人在冷漠世界里孤独前行，终归要的是一份“如知己般被理解和懂得，如母爱般被关照和包容”的情怀。

有的女人一辈子都不懂爱人的情怀和灵魂，也有少数的女子，有一双慧眼，一颗慧心，圣洁而高贵地活在男人的灵魂世界里……

05

每个人对不同的人，情感期望值都不一样。男人对女人的渴望是如此的简单而又复杂，同一个男人对不同的女人有着不同的渴求，如同一个女人对不同男人也有着不同的渴求。

有的男人对有的女人只有身体上的欲望，也是因为这个女人只能满足他身体上的渴求。而两性世界里并非只充斥着世俗意义上的短暂的激情和身体的欲望。男女之间的情爱并非只有“性”，关键在于你能满足得了他哪些层面的渴望。

对有些人而言，哪怕你只是存在于他的微信里，有你存在，就满足了。默默地关注着你，这就够了。

有的男人一辈子都在寻求他理想中的那种女人，寻找过程中必须尝试接触，难免会伤害一些异性。他会一直悄悄寻找，直到找到为止。

我曾采访过一些成功男士。

一位男士说，遇到她之前，他在婚姻之内有各种不心甘。总是忍不住往女人堆里打量，寻觅他心中理想的女性。

当遇见她，已不可能成为夫妻，也不可能有暧昧关系。但她能满足他内心世界里的那种理想的感觉，她的出现让他相信了——这个世界上确实存在他理想中的那种女子。

从此，他更加努力，只为让自己变得更好。

从此，他不再像之前那样关注不同的女子，其他女子与她相比都黯然失色。

从此，他每取得一点成就，一想到有她默默地见证，他便充满自信和力量。

他找到了，不需要和她有什么样的关系，就已觉得圆满了——遇见她，遇见了更好的自己。

每个人的精力都是有限的，所以，我们只能爱懂爱的人，善待知晓好歹的人，帮助懂得感恩的人。

二、我们都爱“知晓好歹”的你

01

从人性的角度来说，这个世界上分为两种人。

一种是知晓好歹，明辨是非，懂得感恩的人。

另一种是不知好歹，不明是非，“贱性”较重的人。

虽然，每个人的人性中多多少少有点贱性，每个人都有偶尔犯贱的时候。但是，有种人属于典型的贱性人格。

什么是知晓好歹？

你对他好，他对你更好。

你敬他一尺，他敬你一丈。

你爱他三分，他爱你五分。

知晓好歹的人，有一双明亮的眼睛，有一颗清亮的心。

懂得辨别真情假意，由此懂得善待值得善待的人，懂得珍惜值得珍惜的情，懂得感恩值得感恩的人，懂得把爱和真情托付给值得托付的人。

知晓好歹的人，也懂得远离恶人和小人，懂得和虚情假意的人保持距离，懂得在伤害自己的人面前保护自己，懂得在不值得信任的人面前保留。

02

什么是不知好歹？

你对他好，他认为理所当然。

你敬他一尺，他自以为了不得。

你苦口婆心，他当驴肝肺。

你情深义重，他薄情寡义。

你热情似火，他爱理不理。

你谦虚随和，他高高在上。

你越是拒绝他，他越是想得到。

你越是无所谓，他越是在乎你。

你越是高高在上，他越是谦卑恭敬。

你越是爱理不理，他越是千方百计讨好你。

善与恶本身就是跷跷板。

为人，处事；择友，择伴，都考验着每个人的甄别力和洞察力。

每个人的精力都是有限的，所以，我们只能爱懂爱的人，善待知晓好歹的人，帮助懂得感恩的人。

同样，我们要做知晓好歹的人——知晓好歹的人会得到更多的好和爱哦！

> 具备吸引力的人不一定具备温暖力，但具备温暖力的人一定具备长久的吸引力。女人的幸福往往在于具备温暖力，或找到了一个有温暖力的男人；女人的不幸往往在于跟了一个具备吸引力而不具备温暖力的男人。

三、我们都爱的女子，是如此的温暖

01

有一种女子，到哪里都受欢迎，她们犹如冬天的阳光，让人身心温暖舒适。

有一种女子，和什么人在一起都相处融洽，让人如沐春风，不由自主地想亲近她们。

有一种女子，说什么都动听，让人不由自主地打开心扉，与之交心。

她们身上有一种特别的“魔力”，吸引你不由自主地想靠近，想亲近。

为什么?

因为——她们有温暖力!

因为——她们让你感到温暖!

温暖力是心灵对心灵的感同身受，是温暖的回应，是体己的关照。

温暖力是一种力量——让自己的内心阳光、温暖、美好，心存感恩；让他人因为你而感受到温暖。

我们内心脆弱，害怕孤独，没有安全感——是因为缺少温暖自己的力量。

我们做错了事，不懂得在反省之后原谅自己，沉陷于忏悔中而无法找回快乐的自己——是因为缺少温暖自己的力量。

我们受了伤，沉湎于伤害中不可自拔，不懂得自我救赎、自我修复、自我疗伤——是因为缺少温暖自己的力量。

02

我们不谈大道理，不谈温暖所有人，我们只谈温暖生命中最重要的那个人。当每个人温暖了自己，温暖了身边最重要的他，所有家庭自然都幸福美满，社会也会和谐。

我们在抱怨自己不开心、不幸福的同时，不如问自己一声：我温暖自己了吗？

我们在抱怨别人不够温暖自己的同时，不如问自己一声：我温暖他了吗？

有的女人长相普通，能力一般，却能让优秀的男人无法离开她，是因为她有温暖力。

具备吸引力的人不一定具备温暖力，但具备温暖力的人一定具备长久的吸引力。

女人的幸福往往在于具备温暖力，或找到了一个有温暖力的男人。

女人的不幸往往在于跟了一个具备吸引力而不具备温暖力的男人。

温暖的人会互相吸引。

有温暖力的人可以影响别人具备温暖力。

03

自助者，天助之。

当你完全放弃自己的时候，别指望像童话故事一样——一个白马王子从天而降救你于水火。

当你懒于解决自己的问题时，别指望偶像剧中的男一号跑到现实生活中来解决你的问题。

当你整天郁郁寡欢无法让自己开心起来时，别指望别人能给予你快乐。

你现在得不到的东西别指望婚姻可以给你，现在苛求的东西别指望充斥着柴米油盐的生活可以给你。

你自己给不了自己的东西，他人也给不了你，即便暂时给了，你终究也会失去。

所以，在亲密距离里，更要修炼好温暖力——成为你想成为的人，拥有你想拥有的幸福。

亲爱的，在心底对自己说吧：从今天开始，我要做一个温暖的女子，懂得温暖自己，舍得温暖他人。

四、温暖力的背后，是这九种能力

温暖力涉及情感的深度、丰盈的内心、推己及人的情怀等。在亲密关系里，做一个有温暖力的人，需要修炼九种能力。

01

一、欣赏力——懂得欣赏爱人的普通与平凡

我们是普通人，普通的我们面对的也是普通的爱人。普通人更渴望得到欣赏，尤其是身边这个你最在意的人对你的欣赏。面对普通的他，我们要挖掘他的长处、闪光点、独特的一面，然后真切、毫无保留地表达对他的欣赏、赞美。

“老公，你在我心中是最棒的男人……”

“老公，好喜欢你的幽默……”

“老公，好喜欢你看书时的样子……”

“老公，结婚前我可没想到你不仅工作那么能干，做菜还这么好吃……”

亲爱的，别说他没有令你欣赏之处，只要你用心，一定能找到。他感受到你的欣赏后，会更加努力做好自己。

02

二、交心力——与人产生心心相印的能力

亲爱的，你有多久没有和人谈谈心了？

当你遇到心仪的男子，你会通过交心来拉近与他的距离，让他向你敞开心扉，成为他的知己，和他心心相印吗？

人的一生都在寻找知己。

每个男人都希望娶一个知己般的妻子。

你会和枕边的他倾心相谈吗？

再好的感情也需要每隔一段时间谈谈心，尤其是，当他脆弱、难过的时候，一次温暖的谈心对加强夫妻感情有极其重要的作用！

03

三、回应力——一切的温暖在于恰当的回应

幸福要回应，爱要回应。

当他向你展现对温暖的渴求时，你适时地给他温暖了吗？

当他毫无保留地温暖你时，你回应他温暖了吗？

很多优秀的女性对待同性好友极其热情温暖，对待同事也很热情，而一旦遇到异性追求时，就习惯性地“端”了起来，无形中隐藏了原本的热情温暖，回应给对方的只有冷漠和傲慢。

而其实，当遇到还不错的追求者时，适当的回应，能激励对方继续追求，快速拉近心灵的距离。

这是真实的人性渴求，亲爱的，对待你在乎的人，请勇于释放回应，不要把他推开啊！

04

四、影响力——让关系按照自己需要的方式行进的能力

世上有两种人：一种是被人影响的人，一种是影响别人的人。女人要想把握幸福，让你和他的关系按照你自己希望的模式发展，一定要有影响力。

有人说：男人征服世界，女人征服男人。这种征服，就是一种了不起的影响力。女人天性如水，水是最柔软的，也是最有力量的。

遇见喜欢的男子，影响他，让他爱上你。

有了想结婚的对象，影响他，让他娶你。

在婚姻里，影响他，引导他成长为你想要的好男人。

影响，无处不在。四两拨千斤的力量，亲爱的，你要有啊！

05

五、反省力——反思自己在处理关系过程中的顽固和错误模式的能力

很多恋情和婚姻以失败告终，是因为关系当中的人不懂得反省自身，总是固守着性格中的缺陷和行为上的错误。

一个有灵性的女人，必定善于反省、反思、觉悟，吸取教训，总结经验，改掉缺点，改正错误。只有不断反思自我，才能不断提升自我。亲爱的，越是敢于反省、敢于改变自己的人，离幸福越近。

06

六、谦卑力——一切重要关系的达成，都需要谦卑

谦卑，不是卑微，而是一种不卑不亢的自信，是一种示弱得宠的智慧。

时代造就了越来越多强势的女人，在工作上强势，在恋爱、婚姻中也强势。其实没有几个男人真正喜欢强势的女人。男人天性喜欢保护弱势的女人，聪明的女人即使再能干、再强大也要善于在心爱的人面前示弱。

07

七、表达力——我们总是说得太少，而不是太多

在情感世界里，“沉默是金”只会阻隔彼此的心和感情。世上没有什么比感情更需要表达的了！而且要深入地表达，强力地表达！

记忆中刻骨铭心的，是他第一次向你深情表白，是他求婚时对你说的令你感动的话，是他在你伤心哭泣时的温暖安慰……

女人需要男人对自己表达爱，表达情感，男人同样需要女人这样做。

08

八、情感力——你多久没哭过了？你会为他人的不幸哭泣吗

温暖的人一定能够对别人的处境感同身受，推己及人；温暖的人一定不会让人觉得“站着说话不腰疼”。

当他敞开心扉展现脆弱和难过，诉说悲伤情绪时，你动容了吗？你流泪了吗？

亲爱的，别让心坚硬得像石头一样。柔软的心，悲悯的心，善良的心——能消融他的一切烦忧。

09

九、行动力——最终，行动胜过一切

万语千言，说到底，如果没有及时做出暖心的行动来，再动听的话语也是苍白无力的。

温暖的行动才是最温暖的语言。

温暖的女子，是人人喜爱的阳光，是人人渴望的甘露，是他离不开的爱人。

亲爱的，在心底对自己说吧：从今天开始，我要做一个温暖的女子，懂得温暖自己，舍得温暖他人。

这年代，懵懵懂懂中瞎撞到好姻缘的概率很低。姻缘，与其说是老天爷赐予的，还不如说是自己修来的。也只有自己修好了，才会有好的姻缘。

五、你所羡慕的幸福，都是有备而来

恨嫁，的确是很多女性朋友最大的心病。

很多年纪不小的单身女性，成天喊着“我好想结婚”，貌似“万事俱备，只欠东风”了。

但是，请放下急于结婚的焦虑，静下心来，好好问问自己：

亲爱的，你真的很想结婚了吗？

真的准备好面对婚姻了吗？

01

你急于结婚，也许是因为到了该结婚的年纪，担心年龄越大越不好嫁。

或者，迫于家人催嫁的压力。

或者，看到周围女友们一个个嫁人了，因而心里有了紧迫感。

或者，实在忍受不了一个人的孤单了，渴盼有个人相依相伴……

有个每天喊着要结婚的女孩一边羡慕别人的幸福，一边不好意思地对我说：有时候我特别想结婚，但有时候，我心里特别害怕结婚，不想结婚。

我问她：害怕什么呢？

她说：害怕结婚了不能像单身时一样自由，害怕婚姻的束缚，害怕结婚后对方忍受不了自己的毛病，害怕婚姻生活太平淡乏味，害怕处理不好婆媳关系，害怕不会带小孩，害怕婚姻的变数……

因为害怕，所以，不想结婚。

这才是很多恨嫁女内心深处真实的顾虑。

只是，有时候，自己都不知道隐藏着这样的“害怕”和“不想”。

这好比叶公好龙，天天盼着龙来，当龙真的来了却害怕了。

向往婚姻，是因为婚姻带来的好；害怕婚姻，是因为要承担婚姻中做妻子、做母亲、做晚辈的责任，还有，随之而来的各种不如意。

所以，姻缘迟迟不来，其实不是外在的原因，而是内心还没有真正准备好。这是一个渴婚的自己和另一个怯懦的自己做斗争的过程，只有一个自己战胜了另一个自己，统一心意了，才是表里如一的自己。

02

当你的心还没有真正准备好迎接婚姻的一切不如意时，无论嘴巴上说有多想结婚，而传递给周围人的，传递给“他”的，其实还是不想结婚、没准备好结婚的感觉。发送给地球的也是这样的信号。

于是，再怎么折腾也修不成正果：求婚的是自己不乐意嫁的，自己想嫁的始终不求婚。

这年代，懵懵懂懂中瞎撞到好姻缘的概率很低。

姻缘，与其说是老天爷赐予的，还不如说是自己修来的。

也只有自己修好了，才会有好的姻缘。

如何修？

首先是面对自己的内心。

回首我的心路历程，我发现，当我的心还没有达到适婚状态时，再多的追求者也没有一个合适的，等于没有。什么是适婚状态？也许自己会误以为想结婚就是适婚状态，其实没这么简单。

很多人到了适婚年龄了，但心理上并没有达到适婚状态。

03

什么是适婚状态？

亲爱的，且不说能不能做到婚姻誓言中所说的“无论贫穷还是富贵、疾病还是健康，你都愿意和他相依相伴，永不离弃”，以下这些，你准备好了吗？

你会努力改正自己那些会伤害爱人、影响婚姻的行为吗？

一个人的时候可以做一些疯狂的、只顾自己的事情，但婚姻需要的是稳定，一旦结为夫妻，就要为对方着想，为家庭大局着想，得收敛你的任性妄为了。

你处理好过去的情感了吗？

如果还和过去的人和事纠缠不清，如何接纳你的爱人和新生活？

你能接受目前经济条件并不如意的他吗？

完美的“高富帅”只在偶像剧里，你愿意和平凡的他同甘共苦一起创造想要的生活吗？

你愿意从柴米油盐的琐碎中寻找平实的幸福快乐吗？

你知道他的坏毛病并能包容吗？你们吵过架了吗？结婚以后还会吵，你能接受吗？

你明白一个妻子的责任并愿意去承担吗？你准备好面对婚姻里的不如意了吗？

……

04

当然，未步入婚姻之前不可能把一切想得很明白，但是至少要有心理准备，不要等到婚后遇到时再无法接受，无法面对。

当你想过这些并能以勇敢的心面对时，才达到了适婚的心理状态。

当你还没准备好时，姻缘也没准备好。

只有当你准备好时，姻缘才随时可能降临，也许真的就在下一秒哦！

机会属于有准备的人；幸福，也属于有准备的人呢。

你所羡慕的幸福，都是有备而来。

亲爱的，别害怕，别担心太多，要敢于真实地面对自己的心，包容自己和他的不完美，用平常心面对生活中的如意和不如意。

婚姻没那么可怕，船到桥头自然直，你可以应对，你可以做得好，你可以幸福下去……

你若举足轻重，随便发点什么都有人点赞；你若人微言轻，点多少赞也换不来他人的注意；你若过得好，你的人生不需靠他人的点赞来寻找幸福感；你若过得不好，积多少赞都带不来真正的幸福。

六、微信圈里的“潜规则”你知道吗？

微时代，几乎人人都是微信“低头族”，微信已成为当下关注率最高的社交平台之一。

社交圈、工作圈、亲友圈都被微信圈“一键”替代了。

我们从求学到走入社会，不断学习各种社交礼仪、社交规则，为人处世的道理，打理各种人际关系。因为知道这些决定了我们到达什么样的“圈层”。

然而，当微信疯狂兴起，替代现实生活中打交道的各种圈，却没有任何人告诉我们微信圈的规则，没有人教导我们如何打理微信圈，以至于无数人轻视了微信圈的传播影响。

而微信圈恰恰是会轻易暴露一个人最真实一面的缺口。

其实，微信圈和现实生活中的各种“圈”一样，都有着规则，只是，因为微信是发展迅猛的新事物，还没来得及规范，还没有人总结有哪些规则和注意事项，微信圈同样有打理的技巧和智慧。

这些规则是潜在的，我们姑且称之为“潜规则”。

01

很多人以为微信圈是畅所欲言之地，想发什么图片和言论都可以任性。

很多人以为微信圈是寻找“存在感”之地，不管发什么都得发点东西以示“存在感”。

很多人以为微信圈的朋友“点赞”，就是对自己真正的认同。

很多人以为微信圈是纯自我的平台，与他人无关，发什么内容都没想过有什么后果。

很多人以为微信圈是自我的秀场，正好满足自恋之心，各种毫不避讳的“秀”，不顾别人怎么看。

……

微信名字、头像、签名、封面，这些和本人一样，有不同的气场。

常常看到很多人在微信和QQ签名上不断换着很消极、负能量的话。

比如：

“我怎么这么倒霉！”

“哎，什么时候才能熬出头啊！”

“心情糟糕透顶，别来惹我！”

02

很多人的头像是自拍照，可想而知是这样的姿势拍的：双手拿着手机，位于胸口之下，眼睛往下望着镜头，眯成一条缝，表情呆滞甚至不开心，脸显得大而变形……

很多人的名字也是各种奇葩……

吸引力法则教我们一个道理：你嘴上的人生就是你要面对的人生。

事实上，不只是嘴上，只要是手、口、心中传达的信息，都是向地球发出的信号，由此，名字，头像，签名，微信、说说等，传播出去的也正是你的信息。

经营得好的微信被人设为“星标朋友”，被密切关注每一条动态，恨不得对方天天刷屏！

令人生厌的微信被人恨恨地拉到“黑名单”里，或屏蔽，或删除。

知道了这些，我们还能随心所欲地对待微信吗？

03

微信圈和其他圈的“规则”是相通的。

一、微信名称

方便用实名的，尽可能用实名（尤其是男性朋友），用实名的微信比其他更有公信力，也更便于传播。

如果不方便、不想用实名的可以起一个名字，这个名字是指方便让别人喊的名字，而不是某个成语、某句话（比如：随风而逝）。

为了拉近人与人之间的距离，增强亲切感，名字可以是小名，昵称，也可以是喜欢的名字。

毕竟在中国，应尽可能避免用英文名，因为不利于传播。

除非圈里讲英语的比较多。

或者，想刻意潜水隐身，只当看客。

04

二、微信头像

头像直接关系到颜值、第一印象和以后的关注率。

如果用自己的照片做头像，选拍得最好的照片做头像。

最好不用自拍照，“自恋狂”往往这样做。

如果不是意境特别好的照片，可不用全身照，大半身或上半身以上的特写照片能让人一眼就记住形象，方便识别，毕竟显示的头像很小。

如果不用照片做头像，也尽可能选择让人看起来视觉效果好的图片。

每个人都喜欢亲近有着养眼头像的人，若在视觉上污染他人眼睛，人缘自然好不到哪里去。

05

三、微信礼仪

我们都知道现实生活中要遵守各种礼仪，却忽略了微信上同样有礼仪。

常常会收到陌生人发来添加好友的信息，微信是半公开的社交圈，想通过微信结识新的朋友，却又只是随手就发了系统默认的“我是×××”。

这感觉像是机器人在打招呼，而不是一个有诚意、有素养的人！

亲爱的，添加好友时，要有诚意。不要偷懒图省事只发送默认的“我是×××”。

除非，你是家喻户晓的名人，或者是对方熟悉的人。

微信圈同样应该使用社交礼貌用语，至少应该加上对方的名

字：×××好！我是×××（并附上添加的缘由）

如果抱着无所谓对方同不同意的心态主动添加好友，那还不如不加。你不用心加的人，他也必定不会用心对待你。

谁都很反感只发系统默认的“我是×××”，除非是那种利用微信做生意的“微商”。

很抱歉，我是不会通过这样的验证消息的。

就好像有微信之前，过年过节群发短信，群发只能证明你手机里有他名字，而重要的人一定要单独编写信息发送，才显示有诚意，也不会被淹没在短信海洋中。

如今很多人以微信问候代替了短信，同样，群发没有太多意义，试问：如果连一条带有对方名字的定制微信都懒得发，何来重要一说呢！

对方通过好友验证之后，应该主动打打招呼，而不是一言不发，隐藏着。这感觉就像，你费心敲门去别人家，主人打开了门，你却默不出声站立一旁。这让人感觉没意思，没意义，不明白为什么要加为好友。

很可能，见你不打招呼，他转头就删除你了（我有时候就这样）。

06

微信签名是介绍身份、推介自己、体现个性的好地方，短短几十个字，要好好利用起来，闲置才是浪费。

微信封面很多朋友都不知道，闲置着了。

这相当于，家里装修了，墙壁却没刷，留着灰色的一大块。这里选一张图片，不管是个人照片，还是图片，都要美观。

谁都喜欢去装修漂亮的人家溜达呢！

微信朋友圈，尽量不发消极、宣泄、情绪化、负能量的图文，没有人喜欢看负能量的东西。

这也让人看到了一个人的缺失、内心的脆弱和相关隐私。有些东西只适合和知心好友倾诉，而不必让所有人看到。

遗憾的是很多人都不懂得保护隐私，更是将隐私毫无遮拦地在微信上暴露。

真正成熟的人一定会保护好自己的隐私和与己相关人的隐私。很多时候招惹是非和祸端，其实是自己没有保护好自己的隐私。

07

常常看到有人在朋友圈嬉皮笑脸“集赞”，大多是集多少个赞可以获得某商家免费赠送的小礼物或礼券。赠品价值不会超过几百元，有的只为获赠一双几十块钱的拖鞋，而在朋友圈大肆吆喝，求这个朋友那个朋友点赞！

有的甚至许久没联系，只为集赞，而突然冒出来求人。

还有的为了得到商家的赠品，一键群发，比如，告知“某大牌香水正在免费赠送价值×××元的正品，我已领到，是正品！添加×××微信联系即可领取，只需付邮费和手续费××元”。

那些国际大牌会做这样的营销吗？

有一次，我特意测试了一下，付了43元邮费和手续费，寄来了号称某一线大牌的香水，一打开就确认了：果然是假冒的。

很多人有过顾虑，但转念想：不就是几十块钱吗？大不了损失这几十块钱。而事实上，哪怕这中间只有一块钱的利润空间，假如有一万个人这样做了，商家也能利用这种方式赚一万元！

我不知道这些人在做这件事情之前有没有冷静下来想一想：这样做值得吗？有多大意义呢？说到底是，商家利用了无数人贪便宜的心理，达到宣传推广的目的。而这样做的人，为得到了一点小赠品而欣喜，失去的也许是朋友的信任、欣赏、友谊……

天上会掉馅饼下来吗?

试问，谁会高看为了一点小利益而轻易动用朋友圈人脉的人呢!

08

还有很多人，盲目地转发别人发的所谓的“爱心事件”，以为这就是有爱心的体现，后来发现其实是信息有误甚至是骗局，还连累了朋友圈很多人……这个年代有太多虚假信息，太多忽悠的陷阱，不要不经大脑筛选、判断、甄别，就盲目转发。

总之，微信不是秀场，既然里面有朋友圈、工作圈、社交圈、各种圈，就应当像现实生活中对待各种圈一样好好经营。

你若举足轻重，随便发点什么都有人点赞;

你若人微言轻，点多少赞也换不来他人的注意;

你若过得好，你的人生不需靠他人的点赞来寻找幸福感;

你若过得不好，积多少赞都带不来真正的幸福。

但无论举足轻重或人微言轻，都是微信圈平等的主人，既然开了微信圈，就要负责任地对待哦!

第四篇章

【每一个婚姻，都是一场自我修炼】

姐弟恋，年龄是表象，情感是内核。爱情，本来就和年龄无关。爱上你，与年龄无关，与魅力有关。

一、我见过太多励志的“姐弟恋”

01

虽然，古有“女大三，抱金砖”的说法，但如果换在几年前谈到姐弟恋，招来的大多是异样的眼光，反对的呼声。

理由基本一致：女人比男人易老，尤其生了孩子以后，年龄差距会越来越大……

而如今，姐弟恋越来越多，很多幸福的爱情婚姻，仔细一问，都是姐弟恋。

这已成为当下的一大社会现象，尤其，随着优质剩女的产生，姐弟恋必将越来越多。

随着社会的发展，人们的观念也在潜移默化地发生转变——从几年前的怪现象、质疑和反对到越来越多的理解、接受、支持。

不只是那些有美貌多金的女明星有资本掌控姐弟恋，就连我们普通人也有越来越多的姐弟恋了，好些都相差5岁左右！

无论何种形式的恋爱，都是奔着幸福而去的，那些幸福的姐弟恋真相是什么？

为什么有的人能掌控姐弟恋，而有的人压根儿不适合姐弟恋呢？

02

男孩和女孩的成长曲线是这样的：

女孩子比男孩子早熟，女孩子20岁出头时喜欢比自己成熟的大龄男青年，以为只有他们才懂得呵护、宠爱、包容。

几年后，小男生在工作和生活的历练中懂事了，成熟了，也学会了爱，小女生和成熟男分手了，转而发现，曾经没正眼瞧过的同龄人都长大了，越发有魅力了。

而同龄人中就有好些是比自己小个两三岁的。

每个女人吸引的人群各有不同，有的女人特别能吸引比自己小的。

有个女孩说，几年来从来没有比她大的男人追求过她，倒是办公室的小弟弟们紧追不舍。

这种女孩大多是短发，精干，有男孩子的洒脱，从外表上看，女性特征不是特别明显，但如果有人激发，内心也有很女人的一面。成熟稳重型的男人不是她们的“菜”，她们钟情的是阳光帅气型男生。虽然自己不够美，但特别在乎对方是不是帅哥；她们不在乎对方的物质条件，但特别在乎对方是否青春有活力。反过来，成熟型男也不会钟情于她们，互不来电。

03

很多人误以为，一对姐弟相恋，男的一定是有恋母情结。

其实这只是极少数，更多的是大男子主义。

有一次，看到了一个情感类电视节目。节目中，先是女方出场，女方比男方大8岁，且她体型偏胖，VCR中的他帅气有型。家人反对，现场的人基本上都反对，认为这一对根本不合适。女方态度很强硬，坚决要和他在一起。场面正尴尬的时候，男孩出场了，女方一见到他，马上放下了在众人面前的强硬，娇柔万分，当众跟男生撒娇，像个小女孩，男生也习惯性地抱着她安慰："宝贝别担心，有我在呢，我一定要和你在一起。"

看得现场的观众面面相觑，但这对男女却并不是在作秀，他们的言行举止中透露着一种难言的默契，他们只是呈现了自己真实的生活而已。

男生说，爱情与年龄无关，他喜欢她撒娇，喜欢她依赖他，渐渐成了习惯，他们很幸福。

最终，全场观众被他们的爱情感动，以掌声表示对他们的支持。

其实，爱本来就是这么简单：男人喜欢女人的娇柔，女人喜欢被呵护宠爱。只是，当男女的年龄搭配不那么"常规"时，人们的想法就变得复杂起来。其实本源是一样的，与其说他喜欢她，不如说，是他喜欢她让他有男子汉甚至英雄的感觉！

04

一个男生谈起比他大3岁的老婆，神采飞扬地说："别看她比我大，在我眼里，她就是一个小孩，我倒是像她老爸，哈哈！"

在女人心中，这是世上最温暖的情话。

说这话的男人，心智已成熟到足以掌控比他大的女人了。

一个男生叫大他6岁的老婆"宝宝"，旁人听了起鸡皮疙瘩，但他们之间却很习惯、很自然！

仔细观察那些幸福的姐弟恋，他们的幸福和一般的情侣没什么区别：她在他面前是个小女人，他在她面前是个男子汉。

和一般人不同的是：她年龄比他大。

旁观者在不了解的情况下，总是盯着这个不同，而当局者心中早已没有这一点——幸福早已覆盖了这个不同点。

男人找老婆，会用很多因素衡量，年龄只是其中一项，当其他因素足以吸引他时，年龄就成了并不重要的因素。

刚开始，纠结的总是女人："他什么都好，就是比我小，怎么办呢？"

"我一直想找个比我大的，可他比我小，我怕他不够成熟。"

"我喜欢被人呵护，可不想去照顾他呀！"

……

05

不够自信，怕他不够有男人味，怕众人的眼光，怕多年后的婚变……

而其实，如果一个男人爱上了一个比他大的女人，说明在他心中，她的魅力已超越了年龄的局限。

这本是女人值得自我肯定的事，但很多女人却总是顾虑太多。

更多的担心在于：结婚生子，女人的青春比男人短暂，多年后她已青春不再，而他的成熟更显魅力，怕有婚变。

婚变与年龄没有直接关系。

反过来，有个比自己小的老公，才会更加注意保养皮肤和身材，督促自己、提升自己。这样不是更好吗？

法国当代最著名的女性小说家杜拉斯一生都在追寻"姐弟恋"，她70岁时，和不到30岁的大学生杨·安德烈亚相恋，她总是很自豪地在众人面前宣告：他找了一个全世界最有魅力的老太太！

莎士比亚的经典名著《罗密欧与朱丽叶》，是一部极富人文精神的爱情史诗。在莎翁的笔下，爱情是可以超越一切的——门第、地位、家族偏见等，就是在今天，这些还是被普通的英国人重视。

姐弟恋，年龄是表象，情感是内核。

爱情，本来就和年龄无关。

爱上你，与年龄无关，与魅力有关。

晚婚有什么好处？先修炼好自己，有爱的能力、成熟的心智，缘分自然会适时来临。当遇见对的人，你才真正懂得如何爱，如何把握好幸福、修成正果，两个人相处得才更默契、更和美。不要为真命天子迟迟不来而焦虑，有时晚婚更稳定。

二、晚婚更稳定，余生都是你

亲爱的，我不想将大龄未婚的你称为“剩女”。“剩男”“剩女”这种词本身就带有偏见，不管是他人评论还是自嘲，都是给大龄未婚的青年男女戴了一顶压力山大的帽子。

我们今天要谈谈，如何将这顶帽子变成一顶皇冠。

01

你的压力如何大自不必说，这种压力来自社会和家庭以及自身等各个方面，各种担心、各种顾虑、各种害怕，压得你喘不过气来。

难道，大龄就是劣势吗？

不！

每个人姻缘的到来都有注定的时机，有的早一些，有的晚一些。

但无论早还是晚，结婚不是终极目标，幸福持久的婚姻才是！

早有早的好，晚也有晚的好。

晚婚有什么好处？

先修炼好自己，有爱的能力、成熟的心智，缘分自然会适时来临。当遇见对的人，你才真正懂得如何爱，如何把握好幸福、修成正果，两个人相处得才更默契、更和美。

不要为真命天子迟迟不来而焦虑，有时晚婚更稳定。

这世上没有无缘无故的幸福，幸福必定是修炼而来的。

爱的能力不是天生的，而是修炼而来的。爱自己，爱他人，两者相辅相成，缺一不可。有的人很爱自己，但只爱自己，即使爱他人，也只是为了爱自己。这样的人将爱建立在自我的基础上，难以给对方真正想要的爱。

有的人以他为中心，全心全意爱他，却不懂得爱自己，或者忽略了爱自己。这样的爱容易失去自我，甚至失去他。懂得爱自己，对他的爱才更有价值。

02

成熟的心智需要时间的沉淀和岁月的打磨。

年龄大，并不代表心智也随之成熟了，在工作上能干并不代表在感情上有成熟的心智，为人处世圆融也不代表善于经营感情。

婚恋中，成熟的心智包括：

一、接纳不完美的自己、不完美的他、不完美的婚姻

很多大龄未婚青年都是完美主义者。一个人可以对自己要求苛刻，追求完美，但不能以同样的标准要求他人完美。在择偶标准上，也要适当调整，好高骛远只会让自己耽误更久。

坚持你最想要的几条标准就好，其他的方面要舍得放宽。事事如意是表象，十全十美是假象。

婚姻里有更多不完美。“从此，王子和公主过上了幸福的生活”是童话故事的结尾，却是现实婚姻生活的开端：各种磨合、小吵小闹，甚至考验……在所难免。对此，我们要有充分的心理准备，勇于面对，勇于接受。

03

二、剔除内心不实在的幻想，别把现实生活当偶像剧

很多大龄未婚青年活在虚幻的自我世界里，把生活当偶像剧，抱着不切实际的幻想，过度在意形式上的浪漫，在意对方用甜蜜浪漫的言语表达爱。

很多女人都没有意识到，这种爱太虚幻了。

婚姻离不开柴米油盐，七仙女嫁给董永之后也要食人间烟火，婚姻的幸福指数，与女主人是否善于持家息息相关。

只有当自己变实在了，才能找到实在的爱人，拥有平实的幸福。

04

三、宽容地对待他，对待婚姻

“婚前要睁大眼睛，婚后要睁一只眼，闭一只眼。”你是他朝夕相处的爱人，他在你面前最轻松、最真实、最自在，如果和“演员”生活在一块，彼此都很累。只有宽容地接纳他真实的缺点，才能营造轻松的家庭氛围。

婚姻中难免有不如意之处，如果不用一颗包容的心对待，容易生出抱怨来。心智成熟的女人懂得看淡、看开。

05

四、心安定了，家才能安定。心安稳了，家才能安稳

很多大龄未婚青年之所以未婚，是因为心不安定，心性不稳。

想法太多，不专情，不定性，不知道什么才是最重要的……这些都不利于婚姻稳定。心不安稳，家就不会安稳，幸福也长久不了。

亲爱的，想定情，先定心吧。

有一对家有大龄未婚青年的父母急得去找人为女儿算姻缘。对方说，你女儿如果早婚，容易离婚，晚点结婚稳当些。

催嫁的父母听了这话顿时释然了——如果要在女儿离婚和晚婚中选择一条，父母宁愿选择晚婚。

算命当然是一种迷信，但是这位算命者的话倒是有点朴素的道理，我相信那是岁月和社会经验磨砺出来的一点人生智慧。的确，一个人如果在心性不稳、心智不成熟的时候草率结婚，离婚的概率肯定会比较高。

这也是很多人的第一段婚姻以失败告终的原因！聪明的你应该知道——与其以离婚的教训做第二次婚姻的铺垫，还不如在结婚前多吸取别人的教训，多修炼自己，准备好，一旦结婚，就稳稳地幸福。

所以，亲爱的你，也许更适合晚婚，晚婚更稳定。

06

我们来看看宋氏三姐妹的婚姻。

宋霭龄25岁结婚，宋美龄30岁出嫁，即使22岁嫁给孙中山的宋庆龄，其实也算晚婚，当时很多女子十七八岁就当妈的了。

千万不要小看年龄的作用，女人在不同的年龄段对男人和生活的选择截然不同。

30岁的女子，更懂得婚姻中理想与现实的契合度，深知选择一个男人就是选择一种人生，婚姻对女人有着无可比拟的重塑功能。

29岁的凯特至少击败了威廉的6名前女友，成为他最终的新娘；杰奎琳·肯尼迪改嫁希腊船王欧纳西斯时是39岁。

掌控婚姻主动权的励志姐从来都不是小女孩，人生的风向标也总是把握在成熟女人手中。

07

这几年来，我见证过太多大龄优秀女性走入幸福的成功案例，看着她们从单身到经历失败的恋情，再到终于找到如意郎君……我可以很负责任地告诉亲爱的你：有很多女性都是在较大的年龄找到了自己真正想要的幸福！

那些有才有貌多金的女明星如林心如、舒淇等的励志爱情故事，我们就不说了，其实生活中有无数没有光环的大龄女性更是励志。

有一位女生其他方面都很优秀，但长相属于50分左右的那种，可她立志要找一位阳光帅气高大的男生做老公。这想法还被不少人笑话过。可就在前不久，38岁的她告诉我要结婚了！婚纱照上的男生正是她想要的那种范儿！还比她小几岁！

还有一位43岁一直未婚的优秀女性，历经多段失败恋情之后，前不久也传来喜讯。

是的，我认识太多40岁左右才找到幸福的优秀女性，相比带着光环的明星，她们是不是更能激励优秀的你呢！

随着阅历的增长、心智的成熟，我越来越觉得——沉得住气是多么重要。

无论在工作上还是在感情上，有时候我们按捺不住急切的心，急于求一个结果，反而会事与愿违。

其实，先沉下心来做好自己能做的，不受外界暂时的干扰，相信自己，再给自己一点时间，真的会柳暗花明，峰回路转。

神奇的人生定律，奇妙的姻缘，有时令我们难以置信，但很多人的确如愿以偿了！

至此，我不得不感叹一句：只要亲爱的你足够优秀，完全不需要将就结婚。你若坚定，终将得到想要的幸福！

所以，再急也别自乱阵脚！越是紧要关头，越是要沉得住气啊！

当缘分到时，一切都很快，很快……

结婚、生子……虽然姗姗来迟，却会在最对的时机，如期而至……

“晚一点遇见你，余生都是你。”

> 让他多了解你生活中不为人知的一面，巧妙而自然地打破他关于优质女的惯性思维，打消他对你“不适合做妻子”的误解。收敛工作上强大而外露的锋芒、大女人的霸气、物质上的张扬……勇敢展露你的渴求、你的缺失、你的柔情、你的傻、你的脆弱……弱化你对工作的痴狂，强化你对家庭的看重……

三、你这么优秀，月老得多花点时间挑选如意郎君

01

亲爱的，我将正在读这篇文章的你，尊为优质女生，或正在力求优秀的女生。

我懂得你的优秀在哪里，懂得你为追求所付出的努力和艰辛，懂得你坚强外表下脆弱的内心，懂得你独立自强的外表下柔软的渴求，懂得你的苦衷和无奈……

正如，你对我的懂得。

很多优秀的女性选择了一个与自己相差甚远的男人。

事业再成功，但婚恋不幸福，也终是女人最大的缺失。

这是因为对自身的认识不够。

很多优秀的女性将外在条件视为最好的资本，心高气傲，看谁

都觉得配不上自己，迟迟嫁不出去。

这也是因为对自身的认识不够。

认识你自己——这是古希腊德尔菲神庙上铭刻的箴言。认清很难，识得更不易。也只有认识自己，对自身的长处和短处有客观、清醒的认知，观照内心，才能听到自己内心的声音，明白自己到底想要什么样的爱人、适合什么样的生活，如此，才能赢得幸福。

什么才是你身上最打动人心之处？

到底是什么阻碍了你想要的姻缘？

瓶颈在哪里？

怎样让喜欢你的人娶你？

之前，你用心让自己优秀，那么，从这一刻开始，让我们一起来重新认知自己，开始用心对待你想要的幸福吧——因为，优秀的你，实在值得拥有幸福啊！

别着急，你这么优秀，月老得多花点时间为你挑选如意郎君。

02

女性在社会重要领域中所占比越来越大，女性地位越来越高，女性对自身的追求也将越来越多。然而，到底什么样的女性才是真正的优质女？

社会对优质女的评判事实上是模糊不清的，有的人将工作能力突出、能创造优越经济条件的女性认为是优质女，量化一点，有房有车就是优质女。

而有的人认为这些只是能力上的优秀，除此之外，还需要长相、气质、品位都非同一般。

不管他人怎样认为，无论是某一方面的优秀还是才貌双全、德才兼备，我觉得更应该透过这些表象，看一看“心是否优秀”，

"心优"才算得上是真正的优质女。

什么是"心优"？

心优的第一点——有超越平常小女子的心胸。在某些男人的词典里，"女人"就是"小肚鸡肠"的代名词。尤其是女人对女人的嫉妒心，简直是女人最大的劣根性。优质女不能做大女人，又不能只做传统意义上的小女人，应该做心胸宽广的"小女人"。优质女既要有小女人的妩媚、娇俏，又要有大女人的心胸宽广和大气。大气的女子无论在工作上、为人处世中、情感世界里，都能结更多善缘，让人轻松、舒心、自在。无论男女老少，都喜欢和不计较、宽容的人打交道。大气的女子，散发出独有的魅力，让人无法抵挡。

心优的第二点——有超越小我的善与爱。小我的善良，不足以在芸芸众生中凸显；自我的爱，不一定带给别人幸福。因此，我们要追求的是大善——善意、善言、善行。有的女孩能力非常强，但自恃漂亮或有才华，待人冰冷、傲慢，吝啬对他人的鼓励和赞美；在男女相处中也是，从来只想听对方甜蜜的话语，而不懂得挑出对方的优点加以夸赞。大善，是需要语言和行动的。不会说动听话的女人，失去了女人特有的味道。而有大爱的女子总是浑身散发着光和热，让身边的人如沐春风，由衷地想亲近她。

心优的第三点——美。一是外在的美，二是仪态的美。明眸皓齿，肤如凝脂，笑靥如花，活色生香，让人心生喜爱；身形优美，举止优雅，仪态万方，叫人如何能不动心？无论男女，都喜欢欣赏这样的美人。人体能携带大量信息。力求让自己在先天的外在条件下提升气质，提升穿着打扮的品位，这是优质女一生必修的课程。

女人的幸福与优秀的条件没有直接关系，但和心灵的优秀直接相关。

03

很多优质女摇头感叹：我明明是这么优秀的女孩，为什么他们怕追我呢？优秀是我的错吗？难道是优秀阻碍了姻缘？

很多优质女不解：像我这样的女人，为什么还是单身一人呢？难道真的是我要求太高了吗？

看似应该嫁得好的女人为何难嫁？

我了解过大量的优质女，也采访了很多优质男，我发现，优秀的女孩子和优秀的男孩子很难走到一起。

这是为什么？

“你喜欢女人优秀吗？”我问过数位优质男。

“优秀的人当然会喜欢优秀的人。”

“那为什么没有结缘呢？”

“可能是因为一些优质女把自认为的优秀，当成了骄傲和挑剔他人的资本。”

“那你喜欢什么样的优质女呢？”

“喜欢不把自己当优质女的优质女。”

04

从他们的回答和我遇见的优质女身上，可以总结出优质女寻找好姻缘的几大瓶颈：

一、优秀不是姻缘的阻碍，封闭、坚硬的内心才是真正的阻碍

优质女接触的人并不少，结交的圈子相对一般女性来说更广。

但优质女并没有真正打开心，用心去了解他人，而是太看重第一印象，太注重感觉。

如果没有立即来电的对象，就不想再深入了解，迅速全盘否定。

很多女孩子在工作上非常能干，但在感情上，却紧闭着心门，有着拒人于千里之外的冷漠和坚硬的内心。

男人不是要娶优秀的条件，而是希望找个让自己舒心的妻子，尤其，有骨气的男人，更加不会委曲求全。

05

二、在追求者面前放不下工作上的强势和内心的傲气，仿佛带刺的玫瑰

优质女之所以成为优质女，很重要的一点是在工作上勇于竞争，敢拼敢抢，因此在人群中脱颖而出。

这种性格在工作中当然是优点，然而，换成在男女交往中，却成了最大的阻碍!

她们真的有这么强势吗?

其实我发现，越是在表面上显得强势的女人，内心越是脆弱不堪。

在这里要再提醒大家一次，聪明的女人懂得以弱示人。

很多优质女的自尊心很强，自恃优秀而增长了内心的傲气。

但是亲爱的，傲气不是优秀，只会加大人与人之间的距离。

你是很优秀，但他也很优秀；你的自尊心很强，他的自尊心也很强。

你已不再是豆蔻年华，他们也不再是激情飞扬的年龄，如果一味被动地等待追求，一味等着接受对方的付出，不回应、不鼓励、不付出，即使他再喜欢你，也坚持不了太久。

我们不得不面对一个现实：在竞争激烈、速配速成的当下，男人很难有时间、有耐心坚持追求女孩子了。

当他用心对待你时，你却如同绝缘体，他得不到回应，很快就会知难而退。

强势和傲气如同玫瑰花下面的刺，远观看不见，待他走近，一碰就被刺伤。亲爱的，修剪一下这些刺吧——别刺伤了对的人啊！

06

三、不愿意勇敢承认其实自己要求很高、要求很抽象，自己都不明确到底想要找个什么样的如意郎君

亲爱的，有多少人曾这样说过你：不要太挑剔，要求不要太高哦！

你肯定马上反驳：其实我要求不高啊，只要感觉好就行。

可是，你的要求，绝非如你所说的“不高”啊！

你努力让自己优秀，也是为了找到更优秀的他，这无可厚非，因为你值得拥有。

但你要勇于承认，你的要求就是高！

你嘴上说没什么要求，但实际上，当拒绝一个又一个追求者时，事实证明了你的要求不是一般的高啊！

感觉好就行？

那怎样才有感觉呢？

这话太抽象，太含糊，不具体，不明确。

你自己有没有真正面对过内心，问过自己：我到底想要怎样一个人呢？

知道吸引力法则的朋友都知道——我们想要什么，就要勇敢地、大声地将愿望说出来！

亲爱的，请记住这句话：你想要的东西还没有得到，是因为，你要的东西还不够具体，不够明确！

所以，我希望单身的你，从这一刻开始，运用“秘密”的力量，把你想要的真命天子，勇敢地、自信地对身边的朋友说出来！

别怕人家笑话你。

你对地球说：我就是想要这样的人！

到一定的时候，地球会回应你：好吧！我满足你的愿望！

很多人就是这样找到幸福的。

07

四、交往的圈子中缺少可结婚的对象，无形中以已婚成功男士的标准做参照找对象

优质女接触的圈子貌似很大，接触的优秀人士也比一般人接触的多，然而，绝大部分男士已婚。

因为优秀，她们有大把机会接触这些成功的已婚男士，他们不仅事业成功，还懂人心，懂浪漫，懂关怀……貌似完美。

这是绝大多数优质女渴望的理想对象，和他们接触得越多，就越觉得那些追求者太嫩、太不成熟……

然而，亲爱的，他们也是从有欠缺的青年走向成熟完美的啊！背后是——婚姻的打磨，另一个女人的打造。这个过程，省不了。

优质女的圈子看似大，但事实上，可以结婚的人非常有限。跳出固有的圈子，针对性地寻找可以结婚的对象，比和已婚男人谈情说爱靠谱！

越优秀的女人越希望找到一个让自己崇拜的男人，一个让自己力求完美的男人，而不是在他面前要刻意收敛自己的优秀的男人。

所以，女人的优秀不是寻找伴侣时的阻碍。

你的优秀只是过滤了那些信心不够足的男人，而真正有能力的男人会希望他的另一半同样优秀，因为共同长进的伴侣才可长久依存。

男人需要冲刺的加油站，也需要缓冲、修复身心的港湾。

他需要现代女性的聪明能干，也同样需要传统女性的贤惠柔情。

他需要动人的外表，也需要内在的修养。

现代男人渴求的老婆标准，简直是“360度无死角”啊！

08

不能否认，优质女比一般女子更容易被喜欢，被一见钟情的概率更高。

可惜，喜欢你的人很多，却迟迟没有“想嫁又愿娶”的姻缘。

男人为何不想娶优质女？

有一项针对25—40岁的未婚女人的调查结果显示：

一、大多数都不太年轻了，不如20岁出头女孩子青春。

二、因为自己的条件好，所以挑男朋友时也很苛刻，让男人觉得很可怕。

三、部分优质女的收入比较高，让男人有压力。

四、担心她们个性比较强，好胜、虚荣，脾气又不好。

五、担心她们往往事业心太强，总是把工作摆在第一位，没有时间照顾家庭。

这些原因中，前三条可以不予理会，无须将就，但第四条、第五条得面对。

优质女最大的悲哀，是他人只看得到你工作上的优秀，习惯性地认为这种优秀代表着工作狂，不需要依靠，不会持家，不看重家庭……

唯独，看不到你生活中有“好老婆潜质”的一面。

男人要娶的是顾家的妻子，而不是工作狂。

其实，结婚后还想做工作狂的女人不多，大部分的优质女，都希望有个肩膀可以依靠，只是在还没有找到依靠之前，只能将时间放到工作上。如果有了家庭，她们也愿意为家庭努力付出。

问题是，如何让你想要的那个人打破惯性思维，认知到生活中真实的你——如果你是个很适合做老婆的优质女。

很多优秀女生对我说，现在努力工作就是希望等结婚后更有条件照顾到孩子和家庭。

我说，姑娘，你将这个意思巧妙地对意中人说出来吧。

09

几年前，当我还单身时，会有一些追求者请我吃饭。他们也许是故意为了迎合我，所以总是围绕着文学话题聊。其实我并不想谈文学，但我又不懂得应该转移话题，结果人家从来没有机会了解我生活中的一面。

很多女孩子和曾经的我一样，约会时像傻瓜一样，总是谈工作，谈自己的喜好。

我们面对的不是工作伙伴，而是有可能相守一生的伴侣，所以，应该有意识地聊聊生活，聊聊与婚恋有关的话题，从中了解真实的彼此。

亲爱的，回想一下，为什么闺中密友喜欢和你一起玩闹，彼此越来越亲密默契？

因为她们懂得你的好。

她们为什么懂得你的好？

因为你在她们面前打开了心，放下了戒备。

在她们面前，你没有提防，没有计较得失，没有顾虑受伤害，而是，以心交心，自自然然地交往、相处。

在她们面前，你放下了工作上的面具、社会中的角色，放下了在男人面前的傲气和挑剔，放下了对自我尴尬、难堪的顾忌……总之，不再“端”着了。

其实，在他面前，也要像在她们面前一样。

或许你会说，我怎么才能做到对待刚认识不久的他像对待闺中密友一样呢？

我知道，别看你在工作上非常有主见，能处理好各种关系，但是在男女相识之初，你未必比一般女孩子懂啊！

10

曾经我也以为，在没有确定关系之前，没有办法像对待闺中密友一样对待自己也中意的追求者。

原来，正是那样的想法阻碍了我们打开心门。

后来才发现，一切的事情，都在于沟通。

沟通的前提是——打开心门。

只有当自己没有设置沟通障碍的时候，对方才有机会连通到你的心。

语言是一门真正的艺术，要通过言语的表达，让对方多了解你生活中不为人知的一面，巧妙而自然地打破他关于优质女的惯性思维，打消他对你“不适合做妻子”的误解。

收敛工作上强大而外露的锋芒、大女人的霸气、物质上的张扬……勇敢展露你的渴求、你的缺失、你的柔情、你的傻、你的脆弱……弱化你对工作的痴狂，强化你对家庭的看重……

女人的一生，就是不断走向完美的过程，因生命中的那个人而日益完美——这是女人一生中最幸福的修炼。

“当你出现在我的面前，我发现，原来你就是我一直苦苦寻找了很久的那个优秀的小女人。百转千回，我找得快绝望时，终于觅得如此美好的你——我梦寐以求的新娘……”

这个世界上，无论有多少爱你的异性，他们都在你的家门之外，只能遥望，关注，祝福。只有一个人，他和你在同一个屋檐之下，相争相爱，相爱相争，吵吵和和，和和吵吵，岁岁年年，反反复复，却始终相守如一。

四、婚姻和恋爱的本质区别是……

婚姻和恋爱有着本质的区别。

看懂了，看透了，幸福才会长久。

01

恋爱可以任性，但婚姻不能再以自我为中心，相反，很多时候要以家庭为重，顾全大局。

恋爱可以理想化，但婚姻是世上最现实的修炼道场，无论婚前多么“女神”，婚后都得热爱柴米油盐。

恋爱可以轻易分手，可以重来多次，但婚姻一旦形成，信任、包容、忍耐是稳定的根基，除非极端不幸福，否则无法轻言离婚。因为，和谁结婚都有不如意之处，也因为离婚是一件非常磨人的事情。

恋爱可以追求山盟海誓，惊天动地，但婚姻需要的是平实的幸福，细水长流的爱。

02

恋爱中的吵架和婚姻中的吵架，处理方式很不一样。

恋爱中吵架，如果两人是因为原则问题，或者人生观、世界观有巨大分歧，你要重视，要谈个清楚，实在不合适可以考虑分手。

婚姻中吵架，很多时候是一种宣泄和沟通，一般情况下不要看得太严重，我们要知道，这年代几乎不会有不吵架的婚姻了。

吵架，是婚姻中的两个人必然要修炼的课题。

如果是因为小事情吵架，能沟通就沟通，能磨合就磨合，能包容就包容。

任何陌生的两个人相处，必然会有一个磨合的过程。

这个过程，谁也逃避不了，跨越不了，都要勇敢面对。

磨合得好，修成正果可以平稳过渡到婚姻中。

03

婚姻的本质就是：有一个人，看得到你最好看的一面，也看得到你最难看的一面。

看得到你最善良最美好的一面，也看得到你最刻薄、最恶毒的一面。

看得到你最理解包容体贴的一面，也看得到你最狭隘小气、无理取闹的一面。

看得到你最无私付出的一面，也看得到你最斤斤计较的一面……

这个世界上，无论有多少爱你的异性，他们都在你的家门之外，只能遥望，关注，祝福。

只有一个人，他和你在同一个屋檐之下，相争相爱，相爱相争，吵吵和和，和和吵吵，岁岁年年，反反复复，却始终相守如一。

——他就是你的爱人，他是你生命的另一半，是你婚姻宿命里的修炼对象！

和这样的一个人，也许，避免不了争吵，但可以尽量让自己别把吵架当回事，降低、忽略吵架对自己的影响。生气的时候，转移下注意力，多想想对方好的时候。

不要轻言放弃，只要你能肯定——他仍是爱你的。

谁的婚姻没有磕磕碰碰、小吵小闹呢？哪对夫妻不要面对一地鸡毛的琐碎呢？婚姻就是一生的修炼，修炼的过程必定有忍耐，伤害，煎熬，痛苦……

一念迷即是地狱，一念悟即是天堂。

念其好，念其初心之好，慈悲心待之。

> 好老婆不是处处逞强、事事揽到自己身上，即使再心疼老公也要舍得适当地让他受苦、受累。只有让他身体力行，学会承担为人夫、为人父的责任了，你才有好日子过。

五、十月怀胎，要舍得让你爱的人受苦

有人说，女人是一天的公主，十个月的皇后，一辈子的奴隶。

这话不全对。

有的女人结婚前一直都是被男朋友捧在手心里的公主，而有的一辈子都不知道当公主是什么滋味。

做皇后的十个月，指的是怀胎十月，但不是每个女人都能当十个月的皇后。如果遇人不淑，不仅当不上皇后，还可能成为被打入冷宫的妃子。

身为人妇、人母，一辈子的操劳是在所难免的责任，不能说是一辈子的奴隶。

所以，这句俗话有失偏颇，特别是过分强调了怀孕期间是皇后，事实上，又有多少女人在十月怀胎期间真的能做皇后呢？

01

对于一个女人而言，没有任何时期比怀孕时更能看出她命好

不好了。

谈恋爱的时候，两个人不用面对柴米油盐、人情世故等琐事，他宠爱你，容忍你，讨好你，再自然不过了。

然而不管谈恋爱时多么像公主，怀孕的时候才能看出一个女人嫁的老公到底好不好，有多好。

怀孕，让很多女人从公主晋级为皇后，也有很多女人，不仅没当上皇后，还直接被打入冷宫。

怀孕期间女人与女人之间享受的待遇真是天差地别。

有个软件叫《孕期提醒》，上面可以记载各种孕妈的日记。

有的女人从怀孕开始什么都不做，不工作，不做家务，生活起居都由家人照顾，还能享受家人变着法儿烹饪的各种营养餐，准妈妈只需护理好自己，保持愉悦的心情照顾好腹中的宝宝就可以了。

而有的女人一边得承受强烈的孕期反应，一边得拖着疲惫的身体挤公交车上班、加班，中午吃盒饭，晚上回家还得为老公洗衣、做饭、整理家务。身体上的劳累还在其次，最难承受的是老公常常不回家或晚归，不仅不体贴老婆，还把老婆当出气筒，毫无节制地吵架，让老婆受气、受委屈。更有甚者，在老婆身心最需要关怀的时期出轨了……

02

同样是准妈妈，际遇为何如此天差地别？

有些差别是由家庭经济条件决定的，普通人自然无法和富贵人家比生活条件，而且孕期过得好不好也不完全是由经济条件决定的。

孕期过得好不好，取决于你嫁的是什么样的老公，以及你如何引导他成为一个好老公、好爸爸。

当然，几乎每个男人都会为自己即将成为爸爸而感到高兴。

然而，绝大多数男人是不懂得怎样从老婆怀孕开始就做一个好准爸爸的，只有极少数男人一直能做到体贴入微，关怀备至。

有的男人爱老婆，爱孩子，但更多的是停留在心意上和嘴巴上的爱，很难事无巨细地付诸行动。

有了孩子，随之而来的有万千琐事，需要男人具有比面对老婆时更多的耐心和细心。

有句话说得很实在：一个男人有没有钱、帅不帅都不重要，重要的是要有责任心、疼爱你，这样才能让你幸福。

可见，婚前理智选择结婚对象有多重要。

03

有一位已婚生子的女性来信倾诉她的苦闷：

曾经，因为父母催婚很急，恨不得只要对方是个男的我就能嫁。其实我的自身条件并不差，朋友们都要我别急。但在父母的催促下我还是病急乱投医，草率之下原谅了曾经抛弃过、背叛过我的前男友，冲动地和他领了结婚证。我以为结了婚他会收心，会对我好一点，没想到自从领了结婚证，他就一直在外地做生意，几个月才回来一次，从来没给我半点关心。我省吃俭用买了单位的房子，自己借钱装修，他什么都不管不问。我想离婚，他不同意。不久后我意外怀孕了，以为他会有所改变，结果我怀孕期间他没有寄过一分钱养家，半年才回来一次，两三个月才打一次电话，每次打电话都惹我生气，跟我吵架，气得我动了胎气，一直到生宝宝时还有点流血。生了女儿以后，我只好请妈妈帮我带孩子，自己上班挣钱养孩子。女儿像是我一个人的，他不闻不问，常年不联系、不回家，还坚决不同意离婚，不给我开始新生活的机会。

我现在好后悔当初草率的选择啊，后悔在有孩子之前没有狠心离婚，以至于现在不仅像单亲妈妈一样艰难度日，还在他的威胁下没有重新选择的自由……

从类似的悲剧中，我们应该吸取教训：如果对婚姻对象选择不当，从此就真的成了“一辈子的奴隶”了！

04

除了少数一辈子也当不了好老公、好爸爸的男人和少数天生就有好老公、好爸爸潜质的男人以外，绝大部分男人是需要通过家庭生活引导其成为好老公、好爸爸的。

而女人要做的，除了婚前睁大眼睛选好老公，还要用自己的智慧引导他投入婚姻中的好男人角色。

怀孕十月表面上看来好像受到很多人的关注，但事实上，这是女人最孤独的时期。

由于身体不适，不得不放弃很多工作和娱乐活动。

比如，好朋友们不在同一时间怀孕，各忙各的事情，难以像以往一样相聚；而老公在外面“挣奶粉钱”，很晚才回家或经常出差。冷不丁你就感觉自己成了最孤独、最受冷落的人！

如果必须上班，如何顾及工作和养胎？

如果不用上班，如何将无聊空闲的时光安排得充实自在？

这些都是准妈妈要面对的现实问题。

05

女人在怀孕期间，由于受孕激素的影响，情绪、心境和平时“身不由己”地变得不一样，很多人变得敏感脆弱、害怕孤独，甚至烦躁、易怒、任性、不讲理。这个时候，她们特别需要老公的呵护、包容。

而生活中，有的男人无法体谅女人在这个特殊时期的难处，和老婆争吵、冷战，甚至气得老婆离家出走。这是我们应该努力避免发生的情况。

那么如何和老公深入沟通以得到理解？

老公一开始不能体会你的感受是很正常的，但要尽快磨合。

有些话不方便亲自说，有些要求不方便亲自提，可以让在他面前有威信的人说，这样才会让他信服。

“女人怀孕的时候，你就得把她当个不可理喻的小孩，都由着她吧。你嫂子怀孕时可比你老婆脾气暴躁多了。”

“我老婆怀孕的时候什么都不做，什么都由我来做，她的衣服都是我洗的，还经常深更半夜喊我满城给她找奇怪的吃的。相比之下，你老婆省心多了哟。”

“大姐是过来人，我怀孕的时候啊，比你老婆娇气多了，你小子有这么体贴的老婆要好好珍惜啊！”

……

这些过来人的话最能够打动他，在对比之后他心里便释然了。

“既然大家都是这样的，那我就能理解并接受了。”——这是人的普遍心理，就看你会不会抓住这种心理让他领悟了。

06

男人就是这样，你把自己看得多重，他就把你看得多重。如果连你自己都在怀孕期间逞强，那么他也不会怜惜你，久而久之他也认为你真的可以那么强了。所以，不管他到底能给你多少关照，刚开始，你都要把自己看得重一点，怀孕的时候都不懂得借机娇气的女人，以后更难博得老公的呵护、怜惜了；怀孕时都不能影响老公，以后就很难“翻盘”了。

好老婆不是处处逞强、事事揽到自己身上，即使再心疼老公也要舍得适当地让他受苦、受累。只有让他身体力行，学会承担为人夫、为人父的责任了，你才有好日子过。

怀孕期间要让他多承担一些家务活：学会给你做营养餐，买各种水果、蔬菜，陪你散步，陪你做产检，和你一起做胎教，一起为即将出生的宝宝做各方面的准备；还要体谅你波动的情绪，如果因为“挣奶粉钱”的原因加班工作，就要安排家人照顾你的生活。

别以为他不懂怎么对你好，别把他想得那么笨，别拿“没办法”做无奈的借口，别怕麻烦他。

即使你再强大，也要让他有担当，而且他担当的多少也和你“开发”的深度密切相关。

有娇妻，有爱子，所有承担和付出，也是他的幸福哦。

他不关心你，有时候是你纵容的；他对你好，有时候是你引导得来的。

所以，怀胎十月“能不能”做皇后，先要看你“会不会”当皇后了。

> 人与人之间，终归是以心交心，以情换情。婆媳亦如此。我们想有一个好的婆婆，那么先做一个好的儿媳妇吧。如果希望婆婆变得越来越好，那么我们先要不断地提升自己，先做好自己吧！

六、婆媳相处智慧——如何化天敌为盟友

作为杨澜天下女人研究院的导师，我经常会通过线上微课以及视频直播形式分享两性情感和身心灵成长的话题。有一次，节目组和我商量直播主题时说：各种话题都好请导师，唯有婆媳关系难以找到合适的导师。

这话让我很震惊，婆媳关系真的有这么难处吗？

关于这个话题，我倒是有些心得的。

经常会听到女性朋友们互相倾诉和婆婆相处的各种矛盾和问题，毕竟“家家都有本难念的婆媳经”，但是有两个事实是做儿媳的我们不得不认清楚的：

一是没办法换婆婆，除非想换老公；二和亲生妈妈之间都会有矛盾冲突，何况和婆婆之间呢。

这个世界上有完美的媳妇吗？

大家肯定会回答，没有！

是啊，正因为我们都是不完美的，所以我们就更加不要奢望有

完美的婆婆了。

婆媳关系中存在两大主要矛盾：一种是隔代育儿矛盾，另一种是婆媳日常相处中的矛盾。

隔代育儿的矛盾冲突体现在消费观念、审美观念、孩子喂养的冲突、孩子穿多穿少等方面。婆媳相处的矛盾可以说是千千万万种，事无巨细，家家都有不同。

要想在日常生活中避免和婆婆相处中的矛盾，要注意沟通方式与相处技巧。

01

用有效的方式做深入沟通。

无论是与人打交道，还是在亲密关系的相处中，沟通都是极其重要的。但其实，很多时候不是对方不能够理解我们，而是我们还没有找到让对方能够接受我们想法的最佳方法，以及能够融洽沟通、打开心结的方式，我们的沟通只是停留在口头上的“说话”而已，顶多是浅层次的沟通，所以很难达到理想的效果。因此，做深入的沟通，非常重要。

那么，如何做深入的沟通呢?

要找个合适的时机，合适的场合。

比如在吵架的气头上，肯定无法做深入沟通。要找一个彼此都有空闲、心情相对都好的时间点，而且没有其他人的场合。因为从心理学角度来说，在私密的空间中才会打开心扉，深入沟通一定是一对一的谈心。比如婆媳相处中，当婆婆心情好的时候，对我们所说的更容易认同和接纳。

02

心平气和地和婆婆说话。

心平气和，这一点很关键。我们会发现，在和老人说话时，同样的话，用不同的态度和语气去说，给老人的感觉完全不一样。有一位女性朋友吐槽说，从乡下来的婆婆素质很差，她很恼火，常常忍不住对婆婆发脾气。

虽然婆婆可能有不是，但身为晚辈，对长辈心平气和地说话，也是必要的素质和教养。换位思考一下，你愿意和对你语气不好的人深入沟通吗？婆婆和妈妈一样，喜欢女儿用温和、乖巧、甜美的语气说话。有了这种沟通的语调，一切都好说了，说什么有时倒不那么重要了。

03

不要有分别心。

“去除分别心”是一种大智慧。很多时候，婆媳矛盾是源于分别心。

当然，你可能会说是婆婆先对你有分别心。这种情况是可能发生的，我完全理解，但我觉得，新时代的知识女性，应该有高于婆婆的气度和觉悟。

希望婆婆怎样对待我们，我们应该先怎样对待婆婆。

比如，希望婆婆把我们当成自己人，那我们应该先把婆婆当成妈妈一样相待；比如，希望婆婆真心待我们，我们应该先真心关心婆婆的身体，体贴她的感受。以心交心，以情换情。

当我们没有分别心了，婆婆会感受得到。

04

要打开心门。

所有的有效沟通，一定是建立在打开心门的基础上。很多女性朋友无奈地说婆婆不认同、不喜欢、不接纳自己。其实，这也是因为没有让婆婆了解真正的你。

婆媳本是陌生人，陌生人突然相处在同一个屋檐下，当然需要一个了解的过程，要让婆婆快速了解你的优点、你的诚意、你的好，包括你的不容易，也要坦然承认自己的缺点和不足，恳请她的包容和体谅。这样敞开心扉和老人家谈心，她会在短暂的沟通中对你有一个全面的了解。

跟大家分享一下我的经验。有时候，我会和婆婆说：妈妈，您知道我记性不好，有时难免忘记一些要做的事情，做得不周全，就有劳您费心提醒我一下哦。

婆婆见儿媳坦陈缺点之后，反而更能包容。

很多朋友生怕露出缺点和短处，其实，从心理学角度来说——当一个人向你坦陈他的缺点和短处时，你不但不会因此看低他，反而会觉得他信任你，需要你，从而获得一种价值感。

婆婆是长辈，更喜欢这种价值感。

05

先肯定婆婆的功劳和优点。

很多女性朋友对婆婆有抱怨，是因为骨子里认为——婆婆带孙子孙女是天经地义的。还会和其他人家的奶奶比，看谁谁的婆婆，每天做这做那，还做得如何的好……这样比较，当然会有抱怨。

而其实，带孙子并不是老人的义务——孩子首先是我们的孩子，然后才是婆婆的孙子。不管怎样，婆婆为我们分担了一些辛苦。如果从这个角度去看，去想，就会多些感恩，少些抱怨。

婆婆是个老小孩，要哄着她，要像我们的孩子一样去哄她。用语言肯定她的重要性，家庭需要她的分担，也感激她的付出。

每个婆婆都有软肋，聪明的媳妇知道投其所好。在言语上顺从一点，嘴巴上甜一点。示弱的儿媳妇，会得到更多的帮助和疼爱。

06

不必和婆婆对比，没有可比性。

有的女性朋友无形中将自己和婆婆对立起来，事事都要比个高低。

比如，会比较老公对自己好一些，还是对婆婆好一些。

比如，和婆婆比能干，比聪明……

这真是自寻烦恼的比较啊！

这就好像那个假设：老婆和妈妈同时掉进水里该先救哪一个？这对男人来说本来就是难以抉择的，对母亲的爱和对妻子的爱本来就不是同一种爱，所以没有可比性！

在婆婆面前其实不需要争强好胜，我们都是新时代的聪慧女性，在思想上应该更有高度，用更宽广的胸怀去对待婆婆。

我们要想的，应该是用什么样的方法去引导、提升她，让她跟上时代的脚步，从而理解我们，支持我们，也为我们感到骄傲。

这才是新时代女性要学习的婆媳相处智慧。

07

称呼很重要。

每一位老人都喜欢乖巧的媳妇，生活中应该尽量多叫“妈妈”，而且啊，语气、声音要柔和亲切，带有感情色彩，不能冰冷。和老公沟通以及在有其他人在场的时候，不能说“你妈……”和“我婆婆……”，要说“妈……”

有时候，即使有再大的矛盾和不愉快，一声饱含深情的称呼瞬间就能融化老人的心呢！

老人就像个“老小孩”，也需要“哄”，纵然有再多不同的观念，也不能因为这些小事情而否定了老人家的“功劳”。

尤其，要当着众人的面夸她，哪怕有些方面她明明做得不好，听了你当众的夸奖，格外觉得有面子，事后会对你更好。

比如：妈妈，多亏你帮我带宝宝，不然我哪有时间工作呢。

比如：妈妈，你做得太好了，我怎么没想到这样做呢，哎呀，我真是太笨了！

08

没几个婆婆不喜欢啰嗦。

说媳妇哪里做得不好，这是婆婆们的通病，也是媳妇们都有的烦恼。

听到唠叨的时候心里自然是不舒服的，但如果看透了老人家唠叨的本质，就无所谓计较了。

我的婆婆也经常唠叨，我就当耳朵不好使，左耳进，右耳出，嬉皮笑脸，一笑了之。

有时候不需要去争辩谁对谁错，家里真不是讲理的地方。有则改之，无则加勉罢了。

不只是婆婆，我们的父母也喜欢唠叨，你知道吗？唠叨，是老人家化解内心孤单的一种宣泄。就让她多说几句，实在不喜欢，或者老人说的确实不对，就当没听见啦，或者就算当时有冲突和不愉快，事后也别往心里去。一家人，注定是没法记仇的呢。

在家庭相处模式中，没心没肺，挺好的。

09

婆婆不能理解媳妇的消费观很正常。

婆媳消费观存在差异，比如儿媳不停地买衣服，各种买买买；比如，媳妇要频繁做美容护理等，老人觉得浪费时间又浪费钱。

婆婆的这些不理解可能让我们不大舒服，但换个角度看，其实老人家也是担心我们年轻人花钱大手大脚，希望我们省点钱过日子，初衷是好的。事实上也是如此，我们花多花少，她们也没多得什么。

有智慧的人，能透过事情的表象看到本质，就不会因为听起来不中听而生气了。

关于日常保养和护理这一条，完全可以说服老人家理解接受。

因为年代不同，她们只想到省钱省时，却不知道如今的女性在社会上和工作中面对着多大的竞争，不爱护自己的女性就没有未来。

我个人是属于超级臭美的那种，我很注重穿着打扮和各种护理、保养，刚开始，婆婆也不能理解我。然后我不厌其烦地举例子、打比方做她的思想工作，让她理解到：这个年代不同于她们的那个年代了，形象的护理，对家庭、事业、夫妻感情都有着重要的影响。

亲爱的，你也可以开玩笑地说：“妈妈，您不希望我变成黄脸婆被您儿子嫌弃，到时给您孙子找个后妈吧？”

事实上，老人家也希望儿媳是人中之凤，鹤立鸡群，这样她也有面子呢。只是要得到她的理解和支持，需要我们耐心做点思想工作而已。

10

在带孩子的事情上遇到各种分歧。

如果是细枝末节不影响宝宝成长发育的小事情，可以说：妈妈，就按你说的去做吧。

但如果关系到宝宝发育成长的大事情，该坚定立场的要坚定立场，按自己的方式做。只是耐心地解释当下育儿不同于几十年前的原因，直到她理解为止。

其实，很多时候不是婆婆不听，而是我们没有足够的耐心温和地解释。

也有很多朋友无奈地说，无法说服婆婆接受，婆婆太固执了。

这样也有办法解决：那就是先和老公达成一致，然后让老公背后和老人家解释，一般情况下，妈妈更容易接受儿子的建议。还可以求助于婆婆信任的其他人，从侧面委婉地做婆婆的思想工作，也许比亲自说服她更有效果。

当然，没有万全之法，总有些无法让她理解接受的事情，她若生气，你也无须太在意。

对于重要的问题，该有的原则和立场要坚持。

11

多和婆婆拉家常。

老人家很孤单的，尤其有些老人，从农村来到城里，背井离乡。中国的老人家大都不喜欢离开老家，但是为了带孙儿，只能来到城里。他们很不习惯城里的生活，老家的门是敞开的，这里的门是整天都关着的；老家随时可以和邻居拉家常，这里没有熟人说话，再加上有的还语言不通，实在是非常孤单，生活非常乏味。

老公可能一天到晚都在外面忙，很少有时间陪妈妈拉家常。和婆婆相处更多的，是做儿媳的，所以，一定要多和婆婆拉拉家常。

什么是拉家常？大家都知道，很多时候就是说我们认为的废话。

比如，哪个朋友生孩子了，哪个亲戚买新房子啦，都是鸡毛蒜皮、家长里短的小事。我的婆婆有时候一边带宝宝一边和我聊工作上的事情，比如先生的公司招了多少新员工，我去哪里讲课啦等等，虽然很多工作上的事情或者我们个人的事情，我们觉得不用老人家操心过问，但老人家就是喜欢问这问那，一是出于关心，二是出于好奇，三是出于孤单。所以，我有时候也会主动和婆婆拉家常，尤其会多说些开心的事给她听。我还会主动和婆婆聊一聊外面的世界，从某个角度来说，我开阔了婆婆的眼界，她会更加理解我的世界。

老人家不就是图子女越来越好吗，就让她舒心一点，开心一点，多些盼头，多些希望，她也住的更开心一些。

所以，我们要耐心一点对待婆婆，和她多说说我们接触的、外面的新鲜世界，她越懂得你的世界，越会理解支持你的工作。

12

巧妙地送礼物给婆婆。

会送礼物的人，都是情商高的人。送婆婆礼物，也很重要，但是要有技巧。尤其，要送别人都看得见的，比如首饰、衣服鞋子之类的。老人家都希望在邻居、亲戚好友面前有面子，告诉他们儿媳对自己有多好，让他们羡慕赞叹。

这是中国老人家可爱的小虚荣心，聪明的儿媳，要多满足她！

那么，送什么礼物好呢？

一般的老人家都喜欢的金器、玉器、珍珠、项链、戒指、镯子、耳环，都适合送。老人家天天戴在身上，逢人便说，生怕别人不知道这是儿媳送的。

除了首饰，还能送什么呢？

婆婆也曾经年轻过，和我们一样爱美，喜欢漂亮的衣服，但往往是自己舍不得买，如果儿媳主动送衣服，那么老人家的幸福指数一定是不一样的。

尤其，有时候你带她去逛街，她试了衣服很喜欢，你要给她买，她嫌贵，推辞说不用买，而你坚持一定要买下来。这样让婆婆心里会觉得，你是真心实意对她好。嘴上也许还会说你花钱大手大脚，但是心里幸福着呢！

送过这些礼物的朋友们应该知道，婆婆会在走亲访友时戴上你送的首饰，穿着你送的衣服。

当然，除了送礼物外，还要在生活细节上，真正用心关心婆婆的所想所需，像对待自己的妈妈一样用心对待，她自然也把你当成女儿一样了。

13

发挥儿子的作用。

在婆媳相处中，还有一个至关重要的角色——那就是婆婆的儿子，儿媳的老公。婆媳相处的好不好，很大程度上要看做儿子的在两者之间，是如何协调的。

毋庸置疑，如果有一个善于处理婆媳关系的老公，家里的矛盾会少很多。

很多女性朋友说，本来只是和婆婆的小矛盾，希望老公说句公道话，但老公一味地偏向婆婆，让她觉得婆婆和老公是一边的，感觉自己是个外人！

我深深懂得这种感受！也想借此机会和男士们说几句真心话：如果你一味护着母亲而斥责妻子，很容易引起妻子对婆婆、对你，甚至整个家庭的不满，不仅缓和不了婆媳矛盾，反而会激发更多更大的矛盾，甚至会因为你不公正的态度而引发对婆婆的怨气，也会影响夫妻关系，很容易导致妻子拉拢孩子站在一边，和你以及婆婆对立起来，让家庭关系进入到一个恶性循环中。

当然，一边是母亲，一边是妻子，各说各的理，的确让你为难，但我们可以把复杂的问题简单化——如果能公正客观对待妻子和母亲，不偏向任何一方的立场，只是就事论事，那么妻子和母亲反而会少受些委屈。

比如，上一次的事情是母亲不对，你私下里和母亲沟通，这次是妻子做得不妥，那你和妻子沟通一下。几次事情之后，让妻子和母亲知道，你是客观公正地对待她俩，她们的心里反而会少些委屈和怨气。

在妻子和母亲育儿方式的冲突上，更主张你多做一做母亲的思想工作，尽量说服老人家接受这个时代科学的育儿方式。

现在的80后、90后新手妈妈都会花费大量时间学习育儿知识，要相信她身为妈妈，会为自己的孩子负责，而往往母亲会更容易接受你的劝说。

14

人与人之间，终归是以心交心，以情换情。婆媳亦如此。

相对于婆婆来说我们是晚辈，如果我们不能把婆婆当成妈妈来对待，那么我们又怎能奢望婆婆把自己当女儿对待呢？

如果我们在相处过程中不能够反省改进提升自己，那么怎能奢望婆婆改进来提升呢？

如果我们都没耐心跟婆婆去解释沟通，那又怎能奢望婆婆来做我们的思想工作呢？

如果我们对婆婆都不够理解和体贴，又怎能奢望婆婆理解支持我们呢？

如果我们都不能够包容婆婆的缺点和不足，那又怎能期望婆婆来理解和包容我们呢？

总之，如果我们想有一个好的婆婆，那么先做一个好的儿媳妇吧。如果我们希望婆婆变得越来越好，那么我们先要不断地提升自己，先做好自己吧！

第五篇章

【最美时光，遇见最好的自己】

> 在这个年代，其实没有人可以爱你一辈子，只有自己可以永远爱自己。一个人的时候，学会爱自己，以后才会更懂得爱他，爱孩子，爱家人。结婚生子以后，懂得爱自己，才能长久幸福。你是他的参照物，你有多自爱，他就有多爱你。

一、亲爱的，请在有限的条件和年华里尽可能地爱自己

爱自己，这个话题在我之前两本书中都有谈到，然而，写完之后，随着阅历增长，我每次又都有新的领悟和体会，所以还是要再聊一聊这个话题——因为这确是女人一生中必不可少的修炼！

01

女人的一生真是不容易，天性中的牺牲、付出、成全精神，以孩子、爱人、家庭为中心的传统观念，很多女性一生中爱家人、爱孩子、爱生活，就是没有很好地爱自己。

而当下的女性，若不懂得爱自己，就真的对不起自己了。

女人一生的价值究竟是什么？

培养孩子？

成全夫君的事业？

这些固然是要做的，但女人首先是要为了自己而活！

懂得为自己而活的女人，才不会辜负如花般鲜活的生命。

懂得为自己而活，必然，要懂得爱自己。

不懂得自爱的人，是没有能力去爱别人的。

爱自己不是空喊口号，而是柴米油盐中的点点滴滴。

02

长久以来，我们只是去学习和判断自己爱他人的方式是否正确，却忽略了爱自己也应该用正确的方式。比如，有些人就自以为很爱自己，但是用错了方式，反而害了自己。

有的人以为还算爱自己了，但事实上，你做得还远远不够。

有的人以为只要爱他人就能让他人爱自己，但是这世上有谁能比自己更认真地爱自己呢？有谁比自己更懂得自己想要的一切呢？给自己的爱，是任何人也无法代替的。

爱自己不是自私。

爱自己不是以自我为中心。

爱自己不是纵容自己。

爱自己不是顽固不化。

爱自己不是只爱自己。

爱自己是基于认清了自身，知道自己想要什么，适合什么，用爱紧握着命运的绳索，让命运掌控在自己的手心，让命运的风筝按照自己想要的人生轨道翱翔！

03

有的女人，省吃俭用给男朋友买名表，自己却舍不得换一件好一点的内衣。

有的女人，从早到晚累死累活工作挣钱给男朋友花，对自己却非常吝啬，既舍不得买件像样的衣服，也没时间护理皮肤，整个人憔悴不堪，本该享受恋爱的年纪就成了养家糊口的妇人。

有的女人，是十足的以老公孩子为人生重心的家庭主妇。每天穿着睡衣出入菜市场和小区，买菜，做饭，日复一日年复一年围着灶台转，不修边幅，和光鲜的老公出门，人家还以为是家里的保姆。

有的女人，打拼事业挣了不少钱，投资做更多项目，却不知道要在自己身上投资学习，做做护理，健健身，修身养性，提升品位。

在古代，以男人为重的女子，被称为贤惠，而如今的新女性，如果不懂得爱自己，贤惠也只是虚名，掌控不住长久稳定的幸福，一切都是空谈。

如何爱自己？这其实关乎身、心、灵的方方面面。

04

爱自己，得对自己“用心”。懂得自控，不能偷懒。

亲爱的，你自己都不对自己“用心”，还能指望这个世上谁对你更用心呢！

用心做什么呢？

用心关注自己的身体状况，用心关注内心的感受。

有的女性，心情不好就放纵自己抽烟、喝酒、买醉，明知这是在摧残自己的身体也不听劝告。

有的女性，身材臃肿变形，一边喊着要减肥，一边控制不住暴饮暴食。

别奢望这个世界上有个男人爱上你的“重量”啊！

亲爱的，明知道这一点影响了你的工作、生活、缘分，为什么不去真正付出行动消除这一障碍呢？

对自己言而无信，久而久之，你会丧失自信的。

一个女人如果连自己的体重都控制不了，何以掌控自己的人生！

有的女性，很懒。

懒得学习，懒得关注自身，懒得“折腾”，懒得动脑筋：从来不敷面膜，不涂眼霜；从来不知道什么款型的内衣适合自己，也不知道内衣的正确穿法；从来不知道哪种护肤品适合自己，只是盲目跟风；从来不知道什么颜色的衣服最衬肤色，不知道自己的气质最适合哪种风格的装扮……

亲爱的，难道你不知道，这些是女性必须学习懂得的常识吗！

没有人一开始就懂这些，但很多女人会用心学习，领悟，尝试，比较，研究……慢慢地就找到了最适合的定位，越来越懂得装扮自己，越来越健康美丽。

而有的女人就栽在“懒”字上了。

糊里糊涂地过着日子，始终不明白自己需要什么，适合什么。

在这个竞争激烈的时代，懒，终究会被用心淘汰。而且你想过吗？有时候懒其实就是你对现实生活的一种逃避。

05

爱自己，要呵护自己的身体。

尤其，要用心对待自己的妇科状况。

采访某医院妇科医生，她痛心地说：“现在的女孩子真的不知道爱惜自己身体哟！每天都有无数女孩子排队来堕胎，排队来看妇科疾病……这些都是因为不懂得爱护自己的身体。”

不孕不育中心的医生说，因为妇科疾病导致不孕不育只能做试管婴儿的女性越来越多。

有的女孩，生理周期不规律，有时半个月，有时两个月，只顾着忙工作，也不去看医生。后来，得了宫外孕……

有的女孩，不小心怀孕了，为男朋友省钱，随便找家诊所堕胎，第二天就和男朋友出去聚会喝酒豪饮，第三天出去泡吧狂舞……

有的女孩，妇科不正常，自己不关注，从炎症发展到癌症……

她们不知道：身体健康是要靠维护的，尤其是妇科疾病，只能靠自己关照！

女人一定要爱护好自己，否则，后患无穷！

很多方面无法靠老公来爱自己，也无法靠父母来爱自己，只有靠自己来爱自己，尤其身体护理方面。

比如，产后要做康复，哺乳期结束后要做胸部护理，内衣比外衣更重要……

一位女性朋友还在坐月子就患了多处乳腺囊肿，无法哺乳，情绪濒临崩溃。医生说是因为她一直以来都没关注过胸部健康状态。问她之前不知道胸部有问题吗，她只知摇头痛哭：“我不知道。”

不知道，不知道……很多“不知道”其实是每个女人都要掌握的基本常识，可惜，因为不用心学习这些常识，不用心关注自身，而酿成后患。

一位女性朋友生完宝宝5年之后，突然被查出患了乳腺疾病，只能切除部分。医生说是因为她哺乳期后没有及时排出残奶，让乳汁淤堵，几年后就引发了乳腺炎……

多么可怕的代价啊！

原本，这样的问题是完全可以避免的，然而有很多这样的女性朋友，没有护理观念，也懒于护理，想着“省钱，省心，省时”，当时是省了，可结果是多了疾病！

06

爱自己，懂得关照内心的感受。

有了健康的身体，还得有健康的心理，所以，爱自己，要关照心灵的感受。

有的女人，明明不想参加也可以不参加那些无聊又无益的应酬，却不好意思拒绝，结果把自己变成了花瓶、变成了应酬中的摆设。

不懂择友的女人，不够爱自己。

有的女人，交了不好的朋友，因为顾及朋友的面子也和那些人混成一片，不懂得及时抽身。结果，近朱者赤，近墨者黑，最终也扭曲了自己。

不懂得拒绝的女人，不够爱自己。

有的女人在爱情中不懂得拒绝，总是把自己看得很卑微，逆来顺受，纵容对方践踏自己的自尊和人格。

没有底线的女人，不懂得爱自己。

有的女人，随波逐流，世界观和人生观都来自别人，总是跟随“他们说……”，从来没有真正问过自己的内心到底怎么想。

没有主见的女人，不够爱自己。

有的女人，太在意别人的眼光，总是羡慕别人的生活，看不到自己的幸福之处。不懂得感知幸福、不懂得知足的女人不够爱自己。

07

爱自己，要准确认知自己。

认识你自己——这是铭刻在古希腊德尔菲神庙上的箴言。

只有先认知自己，才能谈爱自己。认识自己是一种觉悟，爱自己是一种智慧。

现实生活中，很多人之所以无法真正认清自己，都是因为遇到了一个巨大的阻碍，这个阻碍就是——他人的目光。

他人的目光是可怕的，它肆无忌惮地干扰自己的选择，以至于在选择的时候犹豫不决，甚至被迫做出本不喜欢的选择。

每个人都在苦苦寻觅自己梦中的港湾，心中的净土，远离红尘的喧嚣，享受人生的那份惬意。其实，真正的港湾不在那名山大川，也不在那寺庙佛堂，是你自己的内心，内心对生活由衷的热爱。

真正的净土，是你内心的平静安详，所有的梦想和际遇，都只是为了引领我们去看一处与众不同的别样风景。

也只有认识自己，才能听到自己内心的声音，明白自己想要什么，适合什么……

08

爱自己，要懂得取舍。该放下什么，该坚持什么。化解负能量，增加正能量。

这年代，不靠谱的人和事太多，选择也太多！

乱花渐欲迷人眼，浅草才能没马蹄。

我们一生中会遇到两种人，一种是丰富我们的人，一种是消耗我们的人。

也可以说，一种是带给我们正能量的人，一种是带来负能量的人。

有的人经常向你抱怨自己的不开心，或是向你宣泄一些鸡毛蒜皮引发的不良情绪，向你倒各种“垃圾”。没有人真正喜欢做这种角色，但有时候碍于情面不好意思拒绝，或者习惯了充当“垃圾桶”的角色。

久而久之，自己也受其负能量的影响。

很多人把精力耗费在无聊的应酬里，混圈子，混人脉，以喝酒、附和讨人欢心、陪玩等方式接近，以为这样可以走捷径。

后来才发现自己只是他人的陪衬和笑料！

爱自己，就会少些不靠谱的想法，不靠谱的行为，以免白白消耗自己。爱自己，就会多靠近滋养、丰富自己的人和事物……

09

爱自己，要懂得享受老公的爱。

老公对我们爱的标准，从某个角度来说，是由我们有多爱自己形成的。

比如，有的女性朋友平时盼着老公送礼物，送惊喜，羡慕别人家老公为老婆买的礼物，而一旦当老公舍得花笔银子买来价格不菲的礼物时，比如大牌包包、珠宝首饰、裘皮大衣等，又心疼老公赚钱太辛苦，舍不得让老公花钱买这么贵重的礼物，或者挑剔老公买的款式不是自己最喜欢的，甚至埋怨老公“不必买这么华而不实的东西”，不能做到欣然接受老公送上的爱和惊喜，反而因为“舍不得”陷入心疼钱的纠结中！

亲爱的，这何苦呢？

老公既然舍得为你买，定是有这个能力买下，他希望带给你的是惊喜，欣然接受，你应该享受他带来的这份爱和幸福，而不是在这个时候纠结“花了多少钱”。

事实上，他买得起，就花得起，哪怕他刷信用卡买的礼物，他买得起，就还得起！

有句话：你舍不得花老公的钱，会有其他女人替你去花。

但愿我们不要落入这种悲哀中啊！

10

爱自己，要舍得花钱投资自己。

有个女孩，原本有着标准的模特般的身材和长相，几年前我每次见到她，她总是素面朝天，穿着土气且缺少质感的衣服，单调的平跟鞋，她的穿着不是为长相加分，而是减分，实在浪费了她自身的优势。

事实上，她先生的经济条件不错，也希望她花钱花心思在装扮上，可是她总是不以为然，我行我素。她先生拿她没办法，觉得她太不爱自己了，希望我能影响她。

有一次她和我一起旅行，路上，我和她推心置腹地谈了好几个小时，举例与她分享外在装扮对女人的重要性。

然后，带她一起逛品牌丝巾店、服装店，她说从来没想过自己能这么美！

我们穿着新买的裙子，在海边漫步，从来对拍照没自信的她第一次迷上了拍照。

那阳光下如花绽放的她，才是她应有的模样！

从那以后，她彻底改变了。她花钱去学习化妆，学习服装搭配，学会了选购品质好的衣服，学会尝试之前从来不敢尝试的妆容。再次见到她时，她穿着Burberry风衣，系着Hermès丝巾，蹬着精致的细高跟鞋。真是脱胎换骨般惊艳！

她改变之后，先生更加爱她了，还经常带她去参加一些聚会和应酬。本来就是，女人爱自己，要舍得投资自身。

亲爱的，有一天你终会明白：投资自身是最靠谱、最能带给你安全感的投资了！

11

爱自己，要学会温暖自己。

有时候，我们内心脆弱，害怕孤独，没有安全感——只是因为缺少温暖自己的力量。

有时候，我们做错了事，不懂得在反省之后原谅自己，沉陷于忏悔中却无法找回快乐的自己——是因为缺少温暖自己的力量。

有时候，我们受了伤，沉湎于伤害中不可自拔，不懂得自我救赎，自我修复，自我疗伤——是因为缺少温暖自己的力量。

有时候，我们遇到欺骗，心生怨恨，陷入报复的恶性循环中，不懂得放过别人，也放过自己——是因为缺少温暖自己的力量！

懂得温暖自己的人，才会活得开心，自在。

懂得温暖自己的人，才有能量温暖别人。

亲爱的，不管有没有别人爱你，请先学会爱自己，抱一抱自己、安慰一下自己、温暖一下自己吧！

12

爱自己，就不要失去自我。

女人往往因为太爱一个男人而失去了自我。

爱一个人是可以全情投入，但是，如果爱到没有了自我，眼里心里全是他，以他为中心，没有了原则和底线，那就很糟糕了，因为这样的爱会带来很多问题。

因为，一旦失去自我，你就失去了本身的魅力，成了任由他掌控、摆布的“附属品”，如同没有个性、廉价的“物品”一样，找不到他娶回家做老婆的理由。

人性很多时候是有“贱”性的，知晓好歹、慧眼识珠的男人不多，很多时候是“贱性”在作怪。那么，我们就不必“犯贱”了。

即便再爱一个人，也不要爱到失去了自我。你就是你，要完善，要修炼成为更好的自己，但不能失去最本真的那个自己。

13

爱自己，就不要以他为中心，做好自己就足够。

很多家庭中，老公和老婆都很累。

老婆累的是以老公为中心，不仅操心老公的穿衣吃饭，还操心老公的行踪和交际。恨不得把自己系在老公腰带上，时时知道老公的一切。

“他去哪里了？”

“他在做什么呢？”

“他和那个女人什么关系？”

“他还爱我吗？”

……

老公也累，明明忙得焦头烂额的时候，还要向老婆事无巨细地汇报工作细节；明明是正常的应酬交际，也总是怕老婆误解成“有鬼”；想安静独处放空一会，老婆“关怀备至”的介入让他没有半点私人空间；各种质疑和追问让自己像个罪犯……

女人越是空虚无聊清闲，越是容易“盯着”老公，越是容易“庸人自扰”，无中生有，自怨自艾！老公很不希望这样的情况出现，他希望老婆去找点喜欢的事情打发一下时间，提升一下自己。

很多女性会说：我的生活除了孩子就是老公，哪顾得上自己！

亲爱的，难道你真的觉得自己无聊到只有去管他了吗？

难道不能留点心思和时间操心一下自己、爱一爱自己吗？

真正懂得爱自己的女人懂得：与其将心思都放在老公身上，还不如放在自己身上。亲爱的，你首先是自己，然后才是他的太太。

亲爱的，难道你不觉得——你有大把的事情需要做，有很多爱好可以发展，有无数的东西需要学习提升，有不少亲朋好友值得你关心、聚一聚吗？

在给一些成功而有智慧的女性做访谈时，也曾问起过这个问题，她们的回答是：我有太多事情要做，哪里有心思去管老公！

是的，女人做好自己就足够了不起了，何必管老公？懂事的老公不用管，不懂事的老公也管不住！

一个人的时候，学会爱自己，以后才会更懂得爱他，爱孩子，爱家人。

结婚生子以后，懂得爱自己，才能长久幸福。

你是他的参照物，你有多自爱，他就有多爱你。

当你爱好自己，别人的爱，只是锦上添花而已。

亲爱的，在爱事业，爱孩子，爱家庭的同时，你也要爱自己啊！

请在有限的条件里尽可能地爱自己；在有限的年华里尽可能地绽放自己。

可可·香奈儿说：穿得寒酸，人们只记得那件寒酸的衣服；穿得无可挑剔，人们会记得衣服里的女人。一个会穿衣的女人，已经成功了一半。限制想象的不只是贫穷，更是观念、认知和眼界。

二、一个会穿衣的女人，已经成功了一半

01

只要对生活还有着一丝丝热爱和希望，漂亮衣服能瞬间提升女人的幸福感和兴奋度！

喜欢漂亮衣服是多好的事情啊！

热爱衣服，丝毫不亚于热爱生命的意义！

只要还爱漂亮衣服，无论多大年纪，说明你的心还很是如花般鲜活的。

一见钟情的衣服，穿在身上会瞬间提升幸福指数——前一秒还郁郁寡欢，下一秒看到镜中的自己，眼睛立马就会闪着星星般的光芒！

嘿嘿，谁说这不是正能量呢！

倘若哪天对漂亮衣服都提不起精神，那定是万念俱灰了。

于是，女人买什么，都比不上买衣服更有理由了：

“今天心情不好，得去买买衣服散散心。”

“换季了，感觉衣柜里都没衣服可以穿了。”

“天冷了，我需要入件温暖的大衣。”

“我要买件适合配新包的裙子！”

“去年的衣服配不上今年的我啦！”

可可·香奈儿说：穿得寒酸，人们只记得那件寒酸的衣服；穿得无可挑剔，人们会记得衣服里的女人。

一个会穿衣的女人，已经成功了一半。

因为所有的惊艳，都来自长久的准备。而这个准备的过程，就是不断积累知识，提升品位的过程。

着装，不仅仅代表着你的审美和品位，更多时候，还隐藏着一个人审美背后的行为风格与处世心态。

02

每隔一段时间，我都要清理一下衣柜。

清理衣柜，如同清理内心，是做减法的过程。

几年前的衣服，半新半旧。有穿过很多次的很喜欢的，有只穿过几次一般喜欢的，也有冲动之下完全不适合自己的。

每个女人的衣柜都有不少鸡肋般的衣服，自己不想再穿，找不到合适的人相送，又舍不得丢，有些款式就算想捐给贫困山区，只怕也找不到合适的人穿。

所以，注定很尴尬地闲置在衣柜里，一个季度象征性地穿一次，且勉为其难，穿在身上总觉得不够自信，不自在。

曾经我也是舍不得清理衣服的，毕竟每一件衣服都有过一段记忆。

但如今，我每隔一段时间要清理一次。

一年前的衣服清理得只剩几件了。

仔细看看几年前买的衣服，注重款式的更多，质地在如今的眼光看来太一般。

款式方面，可爱的淑女风的偏多，而现在明白了，那些不是最适合我的风格，我更适合简约优雅的款式。

“为什么那时候会买这些衣服呢？”我在心里感叹。

换成如今看到同样的衣服，我断然不会多看一眼，更不会考虑购买，因为不够一见钟情，不够让我自信满满地穿在身上。

然而那时候就觉得还不错的。

03

这三年来，很多人夸我衣品好，但我自己回想过去，真恨自己懂得太少，懂得太晚了！

看大学时的照片，刚入大学的我还是个青涩小女孩，却穿着一套应是十年后才适合穿的职业西装，可见当时的我是有多么想长大、扮成熟了！

看多年前各种活动的照片，有些场合穿的衣服明显是不合适的。

比如，有一次去某高校给数百名大学生做讲座，我穿的竟是一件洛丽塔风格的裙子，显得比学生们还“幼稚”。

比如，有一次，电视台给我做访谈，我竟然随意穿着T恤加牛仔裤。

比如，有一次我在主持节目时，穿的是夏天的裙子，配的竟然是毛绒材质的帽子。

呵呵，如今再看那些照片和视频自己都觉得不好意思了。

曾经，我以为自己不是大长腿不适合穿裤子，只适合穿裙子，那是因为那时候流行的是贴身小脚裤，我自然是没优势的。等后来阔腿裤和喇叭裤上市，一试，哎呀！才发现我也是很适合穿裤子的呀！从此打破之前的认知。

很多时候，我们给自己设限，是因为懂的不够。

大学刚毕业不久，有一次和闺密逛商场，两人同时看中了一件格子衬衣，一看标价上千，闺密酸溜溜地说：就算我将来很有钱了，也不会傻到买一件上千元的衬衣！

在那时的观念和认知里：一件衬衣的价格就应该在300元以下的，花上千买的人一定是有钱无处花的傻瓜。

几年后，衣着精致的闺密已是那个品牌的常客，当我们回想起那时说过的话，就觉得很可笑。

限制想象的不只是贫穷，更是观念、认知和眼界！

04

有句话说“男人的衣服不在于多而在于精”，其实到了一定时候，女人何尝不是这样呢！有些衣服的材质和款式只属于少女时代，有些款式也只有到了一定的年龄才能穿得出那种美。

女人的眼睛都是很毒的，到一个公众场合，第一眼观察的不是其他女性的脸，而是衣服。有时，衣服比脸更抢眼。

每次我做签售或讲座出现在公众面前时，我明显感觉得到——大家的眼睛都在一齐“刷刷”地打量着我的穿着打扮，先是打量我的外在，然后才是听我说什么。

当面大家问的是情感婚恋心灵的问题，背后很多女孩会悄悄地打听我的衣服首饰是在哪里买的。

说来也巧，还有商家因为在网上的新闻里看到了我穿戴他们品牌衣物的活动照片，找到我谈代言合作的事。

如今穿衣，也遵循着“从简”的法则，衣服不在于多，而在于每一件都是自己一见钟情且适合自己身材和风格的。

因为代言了些品牌的衣服，会定时寄来新款。衣服不是少了，而是多了。如此一来，我买衣服也就更加追求精品了。

不再求多，不再冲动消费，而是理性地、有规划地买。

在购买前，我会想：这件衣服我会如初见般地喜欢多久？明年我还会穿吗？如果不能让我持续穿两年以上，我就会沉住气，理性地告诉自己不要买。再者，款式再好，如果质地不够好，也很难冲动购买了。

一位著名的国际形象顾问说过这样一句话：如果一件衣服能让你在几年时间内一如既往地喜爱，并且每当你穿上它时，都充满了自信和愉悦感，那么，这件衣服是一笔成功的投资，而不是消耗。

05

我和大家分享穿衣史，就是想用自己的教训告诉大家，希望大家早一点找到最适合自己风格的定位。

而找到的前提是——学习！

在很多人看来，日常的事情没有“学习”可言，而我觉得，学习是无处不在的，生活中的穿衣吃饭这头等大事，更值得花心思去学习提升呢！

试问，之前有哪个时代比当下更方便学习的呢——大把的穿衣打扮书籍、公众号、App、视频等，免费提供新鲜、海量的资讯。

只有懒女人，没有丑女人。

多学习，多琢磨，多领悟，多总结，如果条件允许，能找专业的色彩美学机构进行专业的系统培训学习自然更好。

你的衣品，会为你整个人加分！

对于生活的各种知识，学无止境，才能无止境地美下去——这是真的！

但愿我们早一点“知其然”，也“知其所以然”。

06

我认识一个做珠宝设计的95后女孩，她是我见过最会穿衣服的小女孩。

不同于同龄人变换样式追赶时髦，无论发型还是服装，她都执着于属于自己的风格和味道。

绝大部分的衣服都是中式的裙子，但每一条都别出心裁，纯白，粉红，粉蓝，粉紫，粉橘……棉麻或真丝质地，干净，清秀。

她不仅设计出灵气逼人的珠宝首饰，还为自己以及妈妈设计衣服，然后请裁缝做出来。

她的生活基本上以公益和设计为中心，她由内而外散发出善美娴静的书香气质，在浮躁不安的同龄人之中卓然独立！

后来，见到她的妈妈，一看就是秀外慧中的大家闺秀，极有品位和涵养。

这个女孩是幸运的，她从小有一个这样的妈妈影响她，教导她。但大部分的我们，没有这种幸运，妈妈无法在穿衣装扮、礼仪塑形方面给予恰当的引导，如果又没有去专业的美学机构培训学习，那么靠的只是自己的尝试和琢磨，这样必然会走很多弯路，穿错很多衣服。

虽然，这也是成长的历程，但如果早一点点懂得如何穿衣打扮，如何形成自己的品位，是不是会少浪费钱买到一堆不合适的衣服闲置呢？

是不是会早一点让我们发现更美的自己呢？

是不是会为我们的外在加分从而更加自信呢？

人生中很多事情，我们明白得太晚了，如果能早一点明白，会少走很多弯路，早早受益。

所以，我们更是要感谢生命中那些给我们忠告的人，他们或许是亲人，或许是贵人，或许是恩人，或许是良友，或许是陌生人……

无论是谁，都是上天的眷顾，派到我们生命中来让我们明白一些该明白的东西。哪怕只言片语，只要让我们受益，都是我们的福气，应当谨记，践行，感恩。并以身作则去传播给同样需要的有缘人。

因果循环，福福相报。

我们常听到新闻里报道女性各种突发遭遇案件，更多的结果是女性处理不当，激发歹徒人性中恶的一面，导致悲剧发生！同样的情况下，不同女性以不同的方式应对，结果是不一样的。很多时候，悲剧可以避免。

三、持枪？挟持？抢劫？是的，我都撞上了

亲爱的，这是发生在我身上的一次真实的经历，在此与你一起细细回忆当时的险境和心路历程，希望你能从中得到启发。

01

几年前的一个晚上，8点多钟，我从一家咖啡厅出来。做了大半天的文案，头很晕，只想快点回家。

天下起了大雨，撑着伞一路小跑去附近的广场开车。车从下午起就一直停在芙蓉广场和五一大道交界的地方。当时，我撑着伞跑向车时，路灯很明亮。我打开了后备厢把手提电脑一把塞进去，收好伞，打开车门，刚落座，车门还没来得及关上，突然，有人堵住了车门，还没等我反应过来，一个冰冷坚硬的东西顶住了我的太阳穴。

“别动！快把钱拿出来！”一个恶狠狠的声音响起。

我意识到遇到抢劫了！持枪抢劫！

“好，好，没问题，你别急，我拿就是。”我的第一反应是要确保自身安全。我从副驾驶位上的包里掏钱包，试图从突如其来的惊恐中冷静下来。

我把钱包打开：“你看，我只有这么多钱。”以前曾经遇到过几次被扒的事，所以不敢带太多的现金。

“怎么，就几百块钱？不可能！快点，你敢要花招，我就开枪了！”这个凶恶的歹徒将枪抵得更紧了。

凭声音判断，这是个中年男人。

这一切就像影视剧里、书里描绘的情节一样，可是，我却真的遇上了！多么希望这只是一场噩梦！

怎么办？……

“我真的只有这点钱，车是借别人的。我要是有钱，我还会拿自己的命开玩笑吗？”

“那你要别人送钱过来！”歹徒不死心。

“没人会管我呢，我的朋友都穷，也管不了我死活，找他们没用。”

“不可能！我不管，你银行卡里肯定有钱，带我去取！”

“银行卡里也没有钱。”

“少废话！快带我去取！”歹徒越来越没有耐心，一边用枪指着我一边迅速地上了车，坐在了车后座上。

“快开车！”

怎么办？天正下着大雨，我视线的前方没有人和车经过，这突如其来的打劫，让我没有思考的空隙。我只好发动车，按他的指示沿着五一大道行驶。晚上的五一路上还是有很多车和人，可是，此刻我不能开窗户，就算呼喊，也没人听得见。

谁能来救救我？谁知道我正处在危险中？

02

脑袋一片空白。但我知道，如果我继续头脑空白下去，后果无法想象！危急之际，我想到的第一个人是妈妈。我12岁那年，妈妈就去了天堂。从小到大，每当遇到挫折、打击时，我就会在心里向妈妈诉说。我在心里呼喊：妈妈，您的在天之灵看到女儿的危险了吗？兰儿好害怕……保佑兰儿啊……

我想到的第二个人是父亲。我对自己说：兰儿，你是爸爸活在这个世界上的唯一的精神支柱，你绝不可以有什么意外！在你危急的时候，没有人能救你，只有你自己能救自己！

我尽最大的努力使自己冷静一点，再冷静一点。和这种亡命之徒来硬的只会激发他更加穷凶极恶，只能试试来软的。

“这位大哥，这里有银行。”我试图引导他在繁华的地段停靠。

“少啰唆！我要你在哪里停就在哪里停，接着开！”

我想歹徒也不会让我在这样繁华的地段停，既然现在下不了车，就只能想其他办法。

手腕上的碧玺手链戴了好几年了，在开福寺观音菩萨面前开过光。平常，每当不安心的时候，我会双手合十祈祷，往往心想事成。观音菩萨啊，此时此刻，您在吗？我实在是个好人，您会保佑我的，对不对？而此时，除了相信您的存在，我还要想办法逃过此劫呀……

“好，你说怎么走就怎么走，听你的。不过，这位大哥，我还没驾照，很怕开车，你别逼得我太紧张了，不然会出车祸的啊。”我得拖延时间，想办法脱身才行。

“你开你的！”

我将速度控制在30千米/小时以内，故意将车开到五一路的公交车道上，多么希望有个交警过来抓我违章啊。可是，没有！在这个下雨的晚上，人们都赶着快点回家，没人关心其他车辆内是否有异常。

03

我一边慢慢地开，一边想怎么办。

故意撞到其他车后面？可是，如果歹徒狗急跳墙怎么办？即便他的枪不一定是真枪，但敢在繁华的芙蓉广场路段抢劫的亡命之徒，身上可能还备有其他凶器，万一很多人围过来，他被逼急了会拿我当人质，那样更危险……

今天，我遇上了这事，想逃也逃不过了。不管失去多少财物，都要先保障自己的人身安全。

但是，如果他让我开到一个偏僻的地方，那里还有他的同伙……那……不堪设想……

一想到接下来可能会发生的事情，心中的恐惧又多了。心里有个声音在对我说：不能慌，冷静……冷静……勇敢……勇敢……

我一直都相信人性本善，歹徒在变坏之前，应该有善良的一面，但如果我强烈反抗，会逼急他，他什么事都可能做得出来。我要引出他藏在人性中善良的一面才有可能保护得了自己。

04

“这位大哥……”我用很平静、柔和的声音开始和他对话，就像平常对待无数身陷烦恼之中不能自拔的倾诉者一样，抱着真诚、善良、帮助他回头是岸的心，和他对话。

“我既然已经被你挟持了，我也没想逃，你说怎么走就怎么走。所以，你不用担心我会怎么样。只是，我怕等下去银行后，你会失望，因为我自己知道，我卡上真的没有钱。”

“你放心，如果我证实了你卡里真的没钱，我会让你走，不会伤害你。”听口音，他像是外地人。

“好，我取给你看就是。我想，你走上这条路，也是被逼无奈，不然，谁都是父母所生，谁想玩命呢？”

“那确实，我是走投无路！”

“是吧？我就相信你是被逼的。你也有妹妹吧？如果没有亲妹妹，也有表妹、堂妹，如果她们遇到我这样的事，你也会很担心吧？”

“嗯……”歹徒的声音有点缓和：“你是干什么的？”他既警惕又好奇地问起我的职业来了。

“我是写文章的。大哥，你想想，文人都是很穷酸的，我哪里会有什么钱呢？你以为我穿得像有钱的主儿，其实全身上下都是假冒名牌呢。”

“你别怪我，谁叫你开着车呢。我到这个地步了，能抢多少是多少！”

“听得出，你人并不坏，并不想害我。你应该看得出来，像别的女孩子遇到这种事，早吓得说不出话来了，我还能这样和你说话，是因为我相信你不会伤害我。我也不想伤害你，只想帮助你走出来。你是不是遇到了什么大事，急需钱呢？”

“是的，我犯了个大错，急需一笔钱来解决，不然会生不如死！”他开始诉苦。

05

我稍放心一点了，至少他只是个人作案，不是团伙，而且应是初犯，听得出他人性并不坏。引导他，可能还有转机。

“你果然是被逼才这样的。要多少钱才能解决呢？”

他不回答。

“几百万？几十万？”还是没回答。

“几万？”

“嗯，差不多吧……”他终于说了。

“大哥，年轻人有几个不犯错误的呢？我也犯过错误，但是，犯了错误是可以改正的，现在回头还来得及，好吗？我希望你不要继续错下去了。”

“我走到这个地步，已经回不了头了！”很明显，他被我的真诚影响了，语气缓和多了。

“大哥，我们年轻人都不容易啊，尤其家里是农村的，一穷二白，什么都要靠自己。我也是从农村出来的，家里条件很差，爸爸有三期硅肺病。也许你觉得我是在编故事，但这是真的。我知道你更不容易，但是，大哥，就算现在遇到了困难，我们还年轻啊，还几万块钱还是不难的，非得走这条路吗？如果你继续抢下去，万一哪天被抓了，你为了几万块钱送掉自由，甚至生命，值得吗？”

“我也不想，可是我没有其他路可走了，只能抢别人的钱来还。实话告诉你吧，我已经两天没吃东西了……”

“啊，两天没吃东西？我这儿正好还有包饼干，你先填填肚子吧。”透过车内微微的光，我趁转头递饼干之机看了看他的长相。我要多给公安机关留点线索才行。

“你别管我，好好开车！”他不放松警惕，没吃饼干。

“好。饿肚子的感觉很难受，说出来你可能不会相信，我也饿过几天肚子。那是好几年前的事了。有一次，我遇到了很大的困难，电也停了，家里能吃的都吃光了，手机停机了，连出门的车费都没有了，我就这样挨了几天……”

06

他沉默。

“我10岁那年，小舅舅因为一念之差，被一个团伙拖下了水。在舅舅坐牢的一年时间里，外婆经常伤心地哭，眼睛都快哭瞎了。那时候我虽然还不懂事，但是我看到外婆那样为舅舅担心，我就告诉自己：无论以后遇到什么困难，都不能做犯法的事……大哥，你的父母都在老家吧，他们这个时候多担心你啊……”

“别说了……我心里很慌啊……”说到父母，触及了他内心最柔软的地方，我听得出他语气中透出来的自责，但是自责已经到了无法面对只好逃避的地步。

车已过了湘江一桥，他要我往西边开，如果这样开下去，环境会越来越偏僻。此时，大雨已变成了毛毛雨，窗户上有一层很厚的浓雾。我故意急刹车，开得很不连贯。

“大哥，我还是新手，本来就不敢开车。玻璃上好多雾，挡着我的视线，我看不清，不知道怎么办……”

“坐你的车真够呛的！你把那个什么雨刮器打开……”他真的以为我不知道怎么办了，凭感觉，他肯定不会开车，但懂得一点开车的原理。

“哦，我试试。”然后，我笨手笨脚地打开了热空调，故意调到了最高温度。因为车窗密闭，车内迅速闷热起来，我强忍着快要令人窒息的空气。

07

车已到了一条路的上桥位置。

“往桥上走还是往桥下走？”我问他。

“桥下……桥上！”看来他并不知道到底要往哪走，从刚上车抢劫时的穷凶极恶，变成了现在的慌乱。

我越沉静，越显得无所畏惧，他就越六神无主。

可是，桥上基本没有车辆，比桥下更冷清。我急中生智：“大哥，你看，我的油表已经显示只有一格油了，很快就会开不动了。你说怎么办呢？……”

他沉默了十来秒钟之后，终于说：“你找个偏僻的地方，我下车。今天看在你是个好人的分上，相信你算了！”

“谢谢你的信任……”这句话是我平常对读者朋友们说的一句由衷的感谢，而此时，我用在了一个悬崖勒马的歹徒身上。我舒了口气，想赶紧找个没人的地方让他下车，以免他反悔。

突然，我包里的手机响起来，而且响了十秒以上。

“不准接！”他一把夺过包，拿出手机摁掉了。

另一个一号双机的小灵通又响起来，他又翻出来摁掉了。

电话来得真不是时候，两个手机都暴露了，他会抢走的……

“这里没人，可以停了吗？”

“不行！前面有人！再往前开！”

刚刚希望有行人，现在希望找到一处没人的地方，歹徒放心了才会下车。

我慢慢地开着，也不知道是哪里。

“你掉头到对面停吧！”

对面？我笨拙地拐过去，原来是桥头。

“还不行，你往右边里面开进去！”

右边？我望了一下里面，应是河岸边，漆黑一片，很远处才有星星点点的灯火。

08

“快点开！”他见我磨蹭，语气又开始凶起来。

我只能拐进去。开了几十米远，我停下来说：“这位大哥，我知道你不会伤害我，但是，这里这么黑，说不定会遇到别的坏人，就在这里停好吗？”

“好吧……对了，你戴了什么值钱的首饰没？”

“我手上这条手链，就是几块钱一条的小玩意，从地摊上买的，给你也没用的。如果你要，就给你喽。”不如顺其道而行之。

“算了……我不要。”

看着他就要准备下车了，我松了口气，可正在暗自庆幸之时，他突然又警惕起来：“你上车的时候提着什么东西放到后备厢里？”

“没有什么，就是几本书……”糟糕！

“我不信！让我看一下！”

“真的是书……”让他看一下知道是手提电脑就完了，能敷衍过去就敷衍过去。

他突然又拿枪顶住我的头，又变得像刚上车时那样凶恶，气氛又紧张起来！

“你别逼我对你不客气！把车钥匙给我！我去拿！”

看来，心爱的电脑难逃此劫了。不如坦然相告，不然万一激怒了他……

“这位大哥，实话告诉你吧，那是我的电脑，但是求求你别拿走行吗？那是我最值钱的一样东西了，而且资料都在里面，如果失去了它，我不如死了算了。”

“没办法！我走上了这条路，顾不了你了。”他的语气又缓和起来。

“那你把里面那个移动硬盘给我留下好吗？”真不凑巧，今天出门的时候，将备有资料的移动硬盘也塞在电脑包里了。万一他都要拿走，我真的无法想象是什么后果……

“好。我答应你，不要你的硬盘。”

他把包从后备厢中拿出来，把车钥匙还给我，说：“你是个好人，我是迫不得已才抢你的东西。谢谢你善意的提醒。不过，我已经走上了这条路，你还是祝我早点进监狱吧！”

说完，他迅速下车，消失在黑暗之中……

我以最快的速度发动车，开向最近的派出所……

09

派出所所长亲自做笔录，录了两个多小时后，他再一次问：“你确定这是发生在你身上的事吗？我办案这么多年了，还头一次遇到心理素质这么好的女孩子，竟然还可以像说别人的事儿一样叙述整个过程，不可思议！佩服啊……”

当亲朋好友赶来的时候，他们比我紧张得多，都不敢问我太多，以为会引起我痛苦的回忆。有的说人没事就好，有的为我惋惜失去的财物，女孩子听我说的时候都恐惧万分……

我反而没有大家想象中的那样惊恐。

虽然心有余悸，但我刻骨铭心地懂得了：从此以后一定要小心！电视里播的、小说里写的事情，是有可能发生在自己身上的！

虽然心疼失去的电脑，但我更庆幸遇到这样一个亡命之徒却只是失去了财物，这是不幸中的万幸！

大家都觉得惊恐不安，我却把这事当作难得的人生经历。

经历了这样的危险之后，我再遇到其他事情就更无所畏惧了。

第二天，我准备去补办手机卡时，突然发现我的手机卡被歹徒取下来扔在了座位上……除了手机、相机、电脑，其他都幸存……

10

亲爱的，这是我真实的经历，一字一句都是真实的记录，我在此分享给你，就是希望你能提高警惕，学会用智慧保护自己和家人。

我们常听到新闻里报道女性各种突发遭遇案件，更多的结果是女性处理不当，激发歹徒人性中恶的一面，导致悲剧发生！

同样的情况下，不同女性以不同的处理应对方式，结果是不一样的。

很多悲剧可以避免。

遗憾的是，我们中国的女孩子在成长过程中，很多人根本就没有受过自我保护教育。

甚至，会被影视剧里无数类似情节误导！

比如，很多影视剧里有女主人公被绑架的情节，导演编剧为了突出女主人公刚毅的性格，当歹徒在情绪不稳定状况下，逼问女主人公问题时，女主人公的回答，往往更加激怒歹徒，让歹徒变得穷凶极恶！

结果，总是女主人公或男主人公或男配角受伤害……

这是导演编剧为了将剧情推向高潮惯用的手法，然而，很多女性将剧情当作现实生活的范本来参考了！

影视剧需要冲突带来的剧情高潮才精彩，而现实生活，我们需要的是平安，健康，安宁！

影视剧看的是过程，而现实生活要的是将伤害减到最低的结果！

亲爱的，别以为这些事情只会发生在影视剧里、新闻报道里、别人身上。

防患于未然，小心驶得万年船。

回顾我的这次经历，我总结了几点分享给大家：

一、尽量让自己沉着冷静下来，拖延时间，让脑袋想想办法如何应对和求救。

二、千万不要再激怒歹徒，尽量让歹毒也冷静下来。

三、千万不要说一些让歹徒有后顾之忧的狠话，以免激怒遭“灭口”。

四、歹徒也有善的一面，一定要在言语上引导他向善。

五、情急之下，要弱化和歹徒势不两立的境地，甚至可以故意站在歹徒立场上安抚情绪。

六、在没有人能救的情况下，只能靠自己想办法。

七、第一时间跑到公众场合报案。

“如果连体重都控制不了，如何掌控人生。”这句话虽然有些绝对，但反过来说，能控制体重、保持身材的女性，一定具有非同一般的毅力和自控力，那么她也必将在其他方面掌控得更好。

四、好身材是这样炼成的

01

身为一个情感和身心灵成长作家，我常被人提各种情感和人生问题，每每回答完这些问题之后，总会有女孩压低声音悄悄地凑过来问我：其实我最想问的是——您是怎么保持好身材的？每每此时，我发现女孩们都竖起耳朵两眼发光全神贯注地等着我分享她们认为的“秘诀”。

每次沙龙现场，令她们最兴奋的话题也是如何保持好身材！

每当做新书内容调查时，可爱的女孩们都会在最后加上一条：我希望您的书里有一章写如何保持好身材哦！

可见，其他都成了浮云——拥有一个好身材才是每个女人心底最实在的心愿。

呵呵，多么可爱的姑娘们！爱美，是生活中实实在在的正能量啊！

身材有多重要呢？

我相信每个女性都很明白身材的重要性，只是，人性中的惰性，需要外界强调，督促，甚至刺激，打击！

说到底，身材，是对一个人自控力和毅力的考验！

网上流行一段话：没人知道你的口红是Chanel、Dior、YSL还是Tom Ford，没人看清你腰上的DG、LV是真是假，钱包里有钱还是有卡。但你脸大还是脸小，腿粗还是腿细，屁股翘还是不翘，3米之外就看到了。

无论你用多么昂贵的化妆品，穿多么大牌的衣服，都掩盖不了你“胖”的事实，身材就像一个人的外在名片，藏着你吃过的饭，睡过的觉和走过的路，反映了你的修养和自制力。虽说人不可貌相，但不可否认的是爱一个人，始于颜值。没人会通过你邋遢的外在，去感受你美好的内在。

这些露骨的话，对身材好的人来说，是宽慰和激励，而对于胖的人来说，是芒刺在背、无处藏身的尴尬啊！

还有句话：你的身材反映了你的修养。这句话的本意是出于赞美那些一直保持好身材的女性，一是夸身材，二是夸好身材背后长期以来的修炼。

但身材不好的女性一听这话就上火：难道我身材不好就没修养吗？

02

逛街试衣服的时候，总被卖家好奇地问：你是模特吗？

感谢上苍，虽然没给我闭月羞花的容颜，却赐予了还算不错的身材。

重要的是——我认为身材与职业一点关联都没有。但凡是女人，无论从事什么行业，都应该对身材有要求。

女人可能会因为才华或金钱或能力或其他因素而喜欢一个大腹便便的男人，但反过来，男人喜欢这样女人的概率有多大？

这是与生俱来的性别决定的——女人天生就是美的象征。而美的身体，比美的脸蛋更有可塑性。

而我们为什么要探讨这个话题，因为——每个女人都可以随时开始瘦身、塑形，无论你年龄多大，塑造好身材都不晚！

这不是心灵鸡汤，我先给大家分享几个真实的故事：

闺密的婆婆，65岁，大半辈子都是发福的身材，被检查出血糖较高之后，为了健康不得不听医生的建议。从每餐的两碗米饭减到一碗再到半碗，少食多餐，搭配水果和五谷杂粮；之前不喜欢走动的她每天坚持在小区散步三次，从多荤少素到少荤多素。就这么简单的改变，体重一天天减下来，大肚腩一天比一天小，3个月后，就瘦成了容光焕发、脚步轻盈、身材标准的小老太太，看上去也年轻了好几岁！这可是老人家之前大半辈子都不曾想象会有的身材呀！

老年人都这么励志，年轻人还有什么做不到的呢！

有一位大哥，到哪里都是“最重量级”的人物：高168cm，重136kg！我们曾想：按他这样的体型趋势，这一辈子应该就这样了，不增体重就不错了。哪曾想，某一天他突然下定决心瘦身，并且立志要在一年内瘦掉50kg。我们当他喊喊口号罢了，没想到他每天在朋友圈发瘦下的体重和缩小的腰围。原来聚会吃饭时，他是吃得最多的那个，决心减肥后他是一桌子人中吃得最少的那个，在家也严格按照健康食谱按时定量吃。刚开始有点饿，过了一小段时间之后就不觉得饿了。我们在朋友圈见证了他真实的瘦身历程，一年后，他真的减掉了50kg！

朋友圈都在惊叹：连这么“重量级”的都能瘦身成功，还有谁不能成功呢！

我的弟弟，对身材苛求完美。常年坚持健身，家里的健身器材是他的最爱，无论刮风下雨飘雪，他都会坚持跑10km。饮食方面严格按照减脂增肌营养餐进行，他可以精确到每一道食物的营养成分配比！这需要何等的自律呀，长年坚持下来，嘿嘿，身材堪比模特。

有一位男士，因为当初圆滚滚的身材被女友嫌弃分手，后来立志健身：再忙也坚持去健身房，半年后就换了个人似的——瘦了15kg，身材健美，阳光帅气，给人的感觉完全不同了，更妙的是还在健身房结识了比前女友更优秀的女孩。

听了这几位老人和男士的励志瘦身故事，作为年轻女性，我们还有什么做不到的呢！

03

说起好身材，我相信一点：好身材一定是来自年年月月日日坚持不懈地修炼，对身体健康的关注，对体重的控制，对体型的塑造。

没有一个胖子是三五天突然爆胖起来的，没有一个好身材的人是在数日之间突然塑造的，除非用PS修出来。

没错，体重是慢慢增长起来的，身材是一点一点走形的。

有的好身材是天生的，有的好身材是一时的，而岁月的打磨，生儿育女的考验，都让很多曾经的好身材一去不复返！

随时关注体重身形变化，将赘肉扼杀在摇篮中，及时控制体重，是保持好身材的基本原理。

我在怀孕前的体重48.5kg，胸围90cm，腰围65cm，臀围91cm。

分娩前体重67.5kg（三围没勇气量）。

产后2个月身材恢复90%，4个月恢复到95%，6个月完全恢复到孕前。

产后一年结束哺乳期，瘦到45.5kg。

后来又慢慢恢复到48.5kg上下，三围和孕前基本无异。

有时候带着宝宝在外面，旁人好奇地问我：这孩子是你的吗？

当然是我的啦！

旁人一脸惊讶：不会吧，身材恢复得这么好！你肯定经常做运动吧？

我不好意思地说：其实没有……

我承认，我并不是个特别爱运动的人，跑步、打球、游泳……很惭愧，我都不是发自内心地热爱，只是为了健身而做这些运动。

最让我喜欢的运动是禅舞。

禅舞时，我喜欢将古典舞和瑜伽的动作结合起来，听着古典音乐或禅乐，随心而舞。后来，在修行过程中，我与禅舞的创始人结缘，身为皈依三宝的居士，我很欢喜遇见了禅舞。

几乎每天，我都会听着喜欢的音乐，没有固定的动作和路数，只是凭着对音乐的理解而随心起舞，每一次跳同一首曲子都不一样的动作和感觉，让能量随着身体的舒展而流动。禅舞，是与另一个自己对话，亦是与宇宙万物的对话。

如果说，遇见禅舞，遇见任一喜爱的运动方式，要看机缘，那么，接下来我和亲爱的你分享的——保持身材的“招”，是每个人都可以做到的！

04

首先，决心！决心！决心！重要的事情说三遍！做任何事情，下定决心要做和可做可不做，结果绝对是两回事。下定决心不一定会完全如愿，但如果连决心都没有，那就很难达到了。

生宝宝之前我就下过决心：绝不允许身材变形走样，生孩子也不能成为我身材走样的理由。

有了决心，就要说到做到。

健康饮食是基础，没有健康的饮食不可能为孩子提供足够的营养，也无法拥有健美的身材。少吃垃圾食品，油炸、夜宵类。多吃水果和蔬菜，我的零食只有两种：一是水果，二是坚果。其他一概不吃。

多吃菜，适当控制饭量很重要。慢慢吃，将心思放在品尝食物上，而不是只顾着吃饭填饱肚子。每一顿不必吃太饱，那些显年轻的人都吃七八分饱，肠胃喜欢这样的状态。

一个电子秤，一个卷尺，这是必备的。这两样简单的工具，可以帮助掌握自己的体重和身材尺寸，将多余的赘肉扼杀在摇篮里！只要及时控制、保持，不会胖到哪去。

身材反映出一个人的健康状态，尤其是腰腹部。腰腹部是身体承上启下的重要部位，我们都羡慕T台上的模特拥有小蛮腰和平坦的小腹，但是你可知道——再瘦的模特走路时都会习惯性地抬头挺胸收腹提臀。

保持小蛮腰和平坦的小腹，我做得最多的是——将收腹变成一种生活习惯，坐，站，行，都要收腹！有的朋友刚做这个动作时感觉呼吸困难，这是因为将收腹和呼吸混淆了——收腹不是屏住呼吸憋着气，呼吸和收腹是各自进行的，收腹只是肌肉的收紧，丝毫不影响自由呼吸。

听起来只是重复一个动作，似乎没什么特别之处。大道至简，这世上本来就不存在很复杂的瘦身秘籍，而同样面对一个简单的动作，每个人的坚持程度不一样，结果就不一样。

据科学研究，人体的肌肉是有记忆的，当你长期收腹保持在一个位置时，肌肉自然而然会记得这个位置，也就停留在了这个位置。

亲爱的，不管你是靠哪种方式瘦腰腹部，要紧致的腰腹，这种收腹的内力作用是必不可少的，要养成习惯哦！

另外，瘦身，也是需要正能量暗示！

很多朋友喜欢把这样自黑的话挂在嘴边：我这么胖的人……这样说相当于在暗示身体的细胞：你们好胖，我嫌弃你们。水知道答案，细胞能感受到你的暗示，产生自暴自弃的恶性循环。

而我会进行这样的心理暗示：这个星期我一定会瘦下来！

我又瘦啦！

结果，身体真的像听了我的话似的，让我如愿以偿！

很多朋友觉得只能穿宽松的衣服来遮掩有赘肉的身材，但亲爱的你有没有发现——当你穿宽松衣服时，无形中就不会注意身材以及身姿了，长此以往，身材更加不受控制！

而穿修身衣服时，你就不得不抬头挺胸收腹提臀。长此以往，也是有助于保持身材的哦！我没几件宽松的衣服，我也习惯了修身衣服的感觉。

亲爱的朋友们，瘦身有千万种方法，各有各招，我只是把我的心得分享给你，但愿对你有一点点帮助。

“如果连体重都控制不了，如何掌控人生。”这句话虽然有些绝对，但反过来说，能控制体重、保持身材的女性，一定具有非同一般的毅力和自控力，那么她也必将在其他方面掌控得更好。

千万别小看了能保持好身材的女性——这是真的。

让我们一起努力保持S身材，好吗？

在这个竞争激烈的时代，内外兼修缺一不可。身体和容貌的美丽，内心和灵魂的美好，缺一不可。漂亮的外表，不一定有美好的内心和灵魂。但，让人看上去心生欢喜、养眼的容貌，定是来自于美好内心的折射。

五、亲爱的，你有给心灵美容吗？

01

这句话，换在我二十几岁时，是断然写不出的。

是的，很多的人生智慧，是在30岁后才顿悟的。

十年前，我在南岳衡山的广济禅寺一边闭关修行，一边写书。

常看到带着各种困惑远道而来的信徒向住持宗显法师请解。

法师总是不紧不慢地让他们坐下来先品茶，然后指着眼前的杯子说：人的心就如这杯水，在尘世间行走，每天都有灰尘落入。尤其，贪、嗔、痴是心中的“三垢”，如果不能沉下来，你都不自知每天喝的是浑水。当沉静下来，你会看到杯底沉淀的垢。如果，每隔一段时间，我们能将这些垢清理出来，只留下清澈的水，我们的心，也将如杯中水一般明净。

我在广济禅寺结了佛缘，皈依三宝，成了宗显法师的弟子广馨居士，师父“去泥存净”的大智慧一直在我心里。

几乎每天，无论身处何地，白天经历了什么，我都在睡前打坐唱诵《般若波罗蜜多心经》，这不是走修佛的形式，而是在我诵经的过程中，能完成师父说的“去泥存净”的过程。

身在尘世里，难免也有贪、嗔、痴之念，而诵经时，《心经》的大智慧能让我放下。

将白天的人和事过一遍，化解怨气，心生慈悲；消融浮躁，清静淡然；突破小我，心生大爱；去除心中狭隘，让心宽广圆融……

一念愚即般若绝，一念智即般若生。我在诵经过程中，即是“一念智即般若生”。

每个人都有适合自己的“去泥存净”的方式，对于修佛的我而言，诵经，听佛乐，跳禅舞，写作，行法布施——即是我最受益的法门。

02

很多朋友称赞我的眼神清澈明亮，这让我很欢喜。而事实上，像我这样长期坐在电脑前写东西、在手机上处理工作的人，眼睛受的损伤很大，双眼常常饱受疲劳之苦，应属于满眼倦意、黯淡无光的人群之一。正如此时，我的眼睛就酸痛，有时还因为过度用眼而泪流不止。

亲爱的，如果你问我为什么眼神清澈明亮，我想分享给你的是：

心静，眼静，容静。

心净，眼净，容净。

心美，眼美，容秀。

心纯，眼纯，容纯。

心明，眼亮，容慈。

很多女性很在乎外在，而且只在乎外在。

她们舍得投资外在，却舍不得投资内在。

她们舍得买昂贵的衣服、包包、首饰，但从没有修炼过自己的心灵。

她们购买各种价格不菲的面膜试着改善皮肤，却从来没给心灵敷过面膜。

她们尝试各种品牌的护肤品保养皮肤，却从来不懂滋养灵魂和心灵。

她们关注脸上的皱纹，却不知如何抚平内心的沧桑。

她们关注皮肤的干燥，却不知如何滋养灵魂的干枯。

她们关注服饰搭配的丰富多彩，却不知如何让内心丰盈强大。

内与外，本是相互映衬，相互辉映。

在这个竞争激烈的时代，内外兼修缺一不可。

身体和容貌的美丽，内心和灵魂的美好，缺一不可。

漂亮的外表，不一定有美好的内心和灵魂。

但是，让人看上去心生欢喜、养眼的容貌，定是美好内心的折射。

03

无论男人和女人，最喜爱的，是既养眼又养心的女子。

而这样的女子，定是注重身心灵修炼成长内外兼修的女性；这样的女子，定是常给心灵"美容"的自我护理师。

奥黛丽·赫本是全世界公认的优雅和美貌的代名词，世人景仰她的绝世美貌，可曾想过她的美丽和优雅为何如此持久？

在莱文森1973年出版的名为《In One Era & Out the Other》的文集里收录了赫本的一首诗——《保持美丽的永恒秘诀》：

若要优美的嘴唇，要说友善的话；

若要可爱的眼睛，要看到别人的好处；

若要苗条的身材，把你的食物分给饥饿的人；

若要美丽的秀发，在于每天有孩子的手指穿过它；

若要优雅的姿态，请与知识同行而不是独行。

人之所以为人，是必须充满精力、自我反省、自我悔改、自我成长，而并非向他人抱怨。

请记得，如果你需要帮助，你永远可以自己动手。当你成长后，你会发觉你有两只手，一只帮助自己，一只帮助他人。

女人的美丽不存在于她的服饰、她的珠宝、她的发型；女人的美丽必须从她的眼中找到，因为这才是她的心灵之窗与爱心之房。

女人的美丽不是表面的，应该是她的精神层面——是她的关怀、她的爱心以及她的热情。

女人的美丽跟着年龄成长。

这首诗透露了赫本一生美丽的秘诀，她的美丽不仅在于精致的五官，更因为她善良而美好的灵魂。

她将自己生命中的最后5年献给了联合国儿童基金会。

有人曾经问她，很多的不幸只依靠联合国儿童基金会是不可能解决的，为什么还这么不遗余力地做这些事情？

她说："这好比你坐在自家的客厅里，突然听见街上传来一声恐怖的尖叫，随后是汽车猛烈的撞击声，你的心脏仿佛受到了强烈的冲击，你从椅子上跳起来，跑到街上，发现一个孩子被车撞了，倒在血泊中。这时候你不会停下来去考虑到底是谁错了，是司机的车开得太快，还是孩子突然冲上马路追逐他的皮球？这时候你应该做的就是抱起孩子，赶紧送他去医院。"

赫本美丽优雅了一生，直到现在，她仍然活在全世界人民的心里。

她的诗，她的话，她的行动，已经告诉了我们一个女人保持一生美丽的秘诀！

——她是善于给心灵美容的女性典范！

04

平常女子可能无法在容貌上与赫本媲美，也无法像她一样做那么多有价值的事情。但她分享的美丽秘诀，只要我们愿意，每个人——都可以做得到。

赵雅芝也是我欣赏和喜爱的女子，她是我儿时的偶像。而当媒体报道她的“不老神话”时，我关心的却是她“不老神话”背后的故事。

我发现，她和奥黛丽·赫本一样，不只呵护外在的美，更是以慈和、大爱、大智慧，滋养着美丽而高贵的心灵和灵魂……

俗话说：相由心生，境由心转。当然，这是有科学根据的。

性格写在脸上，人品映在眼中，生活方式显现于身材，情绪起伏表露于声音，态度看手势，教养看站姿，审美看衣服，层次看鞋子，爱不爱干净看指甲……

有一天，一位媒体记者在微博上翻出一张15年前采访我的照片，她感叹，时光反而让我变得越来越美了……

我很不好意思地偷偷地看了那张15年前的照片，自己都恍惚：确定这是相隔15年从未整过容的同一个人吗？

对比前后照片，这十几年来，我的长相确实有一定的变化。

眼神不一样了。曾经的眼神是散开的，浮躁的，没有聚焦，没有内容。而今的眼神坚定，映照着我内心的淡然，柔和，爱和温暖……

脸形不一样了。原来是方脸，骨架很明显，现在竟然变得不那么明显了，应该说是变得纤细柔和了。

面容不一样了，这是最大的变化！说不清五官哪里不一样了，但就是整体看起来整个面容更柔美了……

当我20出头时，很少有人夸我漂亮，我是可以被淹没在茫茫人海里的那种普通女孩。

反而是近10年来，越来越多的朋友夸赞我的美丽和气质。其实五官长得比我好看的女性朋友太多了，除了夸我的朋友们对我有着发自内心的喜爱外，我想，还应该归功于这10年间，我都在不断修炼自己的容颜。

我在有的方面很胆小，比如，时下流行的整容，我能理解接受别的女孩微整，但我自己从来没有胆量接受以这种方式改变外貌。

我很清楚我的脸有哪些缺陷和瑕疵，但我宁愿它们真实地存在，而不愿意它们被外力改变。

不只是我，我的好友们，以及我接触的优雅成功女性，她们都在时光中修炼得越来越美丽，越来越有气质，越来越有魅力。

亲爱的，这不是神话，你也可以做到。

《了凡四训》说：人为善，福虽未至，祸已远离；人为恶，祸虽未至，福已远离。

心念，是心灵美的根源。一念愚即般若绝，一念智即般若生。

念力，具有神奇的魔法力量。命运之球在你手中，正能量的你自带光芒，驱散运程里的阴霾，照亮前行的路——你可以遇见心想事成的自己。

知行合一。生命是一场修行，每一个当下，都是修行的道场。坐也禅，行也禅，一花一世界，一叶一如来，春来花自青，秋去叶飘零，无穷般若心自在，语默动静体自然……

无论是什么牌子，价格多少，只要是一见钟情的丝巾，呵护得当，搭配得体，能给自己带来美好和自信，那么这条丝巾就是属于自己的“爱马仕”！

六、我是丝巾控，亲爱的你呢？

01

张爱玲说，每一只蝴蝶都是花的灵魂，飞回来寻找她的前生。女人如花，女人似蝶。

我总觉得，每一条丝巾都是蝴蝶的化身，一旦找到她的主人，就丝丝缠绕，蝶舞翩翩。

如果说女人如花，丝巾就是花朵上的阳光、雨露和春风，瞬间让女人飘逸灵动鲜活起来。

如果说女人似蝶，那么丝巾就是蝴蝶的翅膀，瞬间让女人摇曳生姿、翩翩起舞。

丝巾装饰了女人的美丽，更点亮了女人爱美的“阿拉丁神灯”。爱丝巾的女人，定是热爱生活，爱自己的；善于运用丝巾装扮自己的女人，也定是懂得经营生活、懂得爱自己的。

有一次女作家采风活动，寒冷的冬天，大家都穿着厚实沉闷的大外套。下车到茶园中拍照时，几乎每个女作家都从包里掏出一条丝巾、围巾！瞬间，绿色茶园里点缀着缤纷的色彩，一扫刚才的沉闷，瞬间明媚起来！那满园飘动的不是丝巾，而是一颗颗柔软美好的心啊！

02

丝巾于我而言，是春、秋、冬季必不可少的宝贝，是这三个季节中心灵的亮色。很多唯美的图案无法做成衣服穿在身上，却能恰到好处地融合在一条丝巾上，有些色彩如果做成衣服有点“过”，但做成丝巾点缀却是点睛之笔！

仍然记得大学毕业不久，一家法国制造的睡衣店里陈列了一条粉红色真丝丝巾，上面镶了几颗切割得很闪的粉晶。就那样一见钟情了，但价格不菲，而且新款不打折，对于初入社会的我来说，有些奢侈。只能恋恋不舍地离去，后来一段时间内，我都忍不住念着那条丝巾，闭上眼睛就是它粉嫩柔美的模样，如同遇见一见钟情的人却不能在一起一般令人牵肠挂肚。傻傻的我时不时会忍不住跑到那家店看看那条丝巾，一次，两次，三次……仍然不打折。第四次去时，店员告诉我，公司回馈顾客，全场五折！哇，当时的我不知有多开心，终于可以“心安理得”地买下它了！

如今，这条丝巾显得很旧了，虽然不再戴，但我仍然珍藏着，因为那是我人生中第一条一见钟情的丝巾！

03

遇见一见钟情的丝巾，就如生命中可遇不可求的缘分——或是一次旅行中不经意的遇见，或是随心逛逛时惊艳地映入眼帘，或是千挑万选之后终于觅得理想中的那款……这多像人与人之间的因缘际遇！

有一次，去到丽江的束和古镇，那天天空湛蓝纯净，阳光明媚，杨柳依依，走在古老的石板路上，看屋檐上四处垂下串串花朵，墙角的花儿娇艳欲滴，雅致的院落如空谷幽兰，街角传出天籁之音，丝丝入耳，腊西老妈妈烤着醇香诱人的洋芋饼，笑得像铜色的菊花……

仿佛世外桃源一般。

随后，我又遇到了更大的惊喜——在一条小街拐角处，淘到一条红色的纱丽，上面有金线刺绣的花朵，精致入微！当天我穿着一袭洁白的长裙，将红色纱丽披在头上，穿过古镇的小巷，玉龙雪山的微风拂过，裙子和纱丽轻轻地飘扬起来……那种感觉真是好极了！仿佛从未有过的超凡脱俗，身心都感觉美好纯净……路人驻足侧目，也因为那条纱丽，我被一见钟情地遇见……

04

有一年冬天，在上海遇见一条戒指绒围巾，轻盈柔软，由粉红、粉绿、粉白三种颜色组成的渐变色，简单地垂在胸前，长及膝盖，仿佛仙女挽在腰间手上的彩虹飘带……

还有一次在一家原创服装店淘到一条真丝绡做的丝巾，浅浅的蓝色，薄如蝉翼的丝、手工刺绣的粉红花朵，朦胧柔美，梦幻浪漫。这样一条独特的丝巾并非日常所能佩戴，但就算只为特别的时刻准备，也难以抵挡我收藏的心！后来，到美丽的玉龙雪山下拍摄一个代言广告，在漫山遍野的薰衣草花海中，穿上花朵礼服裙，举起这条丝巾随风飘扬……

05

说起丝巾，难免说到全世界最著名的爱马仕丝巾，一方爱马仕丝巾从选题开始，经由设计、配色、制版、着色、手工卷边等工序，前后需时超过18个月。

我并没有刻意追求奢侈品丝巾爱马仕，有一次和一家心理咨询机构签合作协议，他们寄合同时附赠了一条爱马仕丝巾，140cm的大方巾，蓝色系，主图案是一棵开花的树。一棵古树上结有梦中盛开的花朵，树下有两只孔雀回眸一笑……

爱马仕确实能让人觉得每一条丝巾都是独一无二的艺术品，明白了什么是经典。这条丝巾后来成了我搭配频率最高的款！

而无论是什么牌子，价格多少，只要是一见钟情的丝巾，呵护得当，搭配得体，能给自己带来美好和自信，那么这条丝巾就是属于自己的“爱马仕”！

06

我喜欢钻研我喜欢的一切，包括我爱的丝巾。我买了多本关于丝巾的书，看了无数丝巾系法的视频，学习丝巾的搭配和系法。每学到一款适合我的创意系法，我都很欣喜，一方丝巾可以让我心情瞬间鲜活美丽起来。

女人如花，就应如花绽放！而丝巾，正是绽放时舞动的那一抹似水柔情……

顺便给大家几个丝巾的小贴士哦：

●打开新买的丝巾，一般都会有折痕，一定要先用蒸气熨斗熨烫。戴了之后只要出现皱褶，都要及时熨烫再戴。再精美的丝巾如果不打理好，也会落得抹布般的下场，再普通的丝巾呵护得好也能体现主人的精致态度（精致的女性，家里一定会有蒸汽熨斗）。

●很多女性朋友忽略了购置丝巾扣，别看小小的丝巾扣不起眼，却可以神奇地配合丝巾系出独有的造型，珐琅的，水晶的，珍珠的，都很精致。

●亲爱的你如果不是小女孩，买丝巾和买衣服一样，购买丝巾时要注重品质和做工。宁愿少买，都要买精致一点的。有些购置不是消费，而是投资。比如冬天值得投资一条价格较高的羊绒围巾，只要爱护得好，好几年下来都像新的一样，算下来其实挺划算。羊绒温暖而柔软舒适，柔软地包裹着我们的身体，也呵护我们渴望温暖的心！

●旅行的时候，忘了带什么都别忘记带一条丝巾，既能遮挡太阳防晒，又能在外拍照时应景点缀。简直是旅行必备神器哦！

即使美若天仙的女人也不会穿什么都漂亮，再美的女人，如果装扮不当，整体形象也会大打折扣。再漂亮的女人也有短处，再完美的女人都能挑得出瑕疵，聪明的女人应该懂得扬长避短。

七、我不悦谁，我只悦己

说男人好色，其实有点不公平，因为爱美之心人皆有之，很多女人也是“外貌协会”的，无论男人、女人，都喜欢美丽的异性。

01

如果你问他：你在乎我的外在吗？

那么将有若干种回答，你能听懂话中话吗？

“内在最重要，我喜欢有内涵的女人。”——潜台词是：外在也很重要，只是我更注重内涵。

“在我认识的女孩中，你不是最漂亮的，但我只喜欢你。”——潜台词是：其实你本身就很漂亮了，只是不是最漂亮的那个，我喜欢你，肯定也在乎你漂亮的外表。

02

每个女人都知道“没有丑女人，只有懒女人”这句话，但真正懂得这句话内涵的人并不多，那些内外兼修的才是真正的一生都美丽的女人。

即使美若天仙的女人也不会穿什么都漂亮。

再美的女人，如果装扮不当，整体形象也会大打折扣。

“穿什么都漂亮”的背后其实是：你精心挑选了每一件衣服，搭配得很得体，让人感觉你穿什么都漂亮。随意穿着的背后其实是极巧的心思，这就好像要化出像素颜而又很美的妆容远比浓妆艳抹更难，打造出貌似随意却又很美的发型比着意造型更花时间。

再漂亮的女人也有短处，再完美的女人都能挑得出瑕疵，聪明的女人应该懂得扬长避短。

媒体喜欢给外表稍突出的女作家冠上“美女作家”之名，这感觉似乎是女作家一向是以内在才华著称，难得有兼修外在美丽的，所以，才貌双全的女作家格外引人关注。

我也多次被媒体问到此类问题，我总是说，爱美和职业无关，爱美就应是一个女性与生俱来的修炼，是一生的修炼，不因时间、地域、世事变迁而动摇的天性。无论在什么时期，都要尽可能地让自己美美地呈现。漂亮衣服、丝巾、首饰，总是能让我瞬间精神百倍，容光焕发！

我走得越远，越是注重穿着打扮，越是觉得对美懂得太少，所以我会常向形象顾问请教。

而这一切为美丽外表所做的努力，打从心底里就是让自己愉悦欣喜的，当我穿上喜欢的裙子，系上飘逸的丝巾，蹬上细高跟鞋，“腹有诗书”的气质，通过外表的介质，将散发得更加令人赏心悦目，不是吗？

若问我最爱什么，我的答案不是文学，不是名利，一定是爱美！对，这就是我身为一个女性与生俱来的天性，每个人都有，只是有的人压抑在心底，有的人荒废在柴米油盐的日子中，有的人惰性胜过了爱美的天性。

03

女人在几个关键时刻，一定要美丽登场！

和他第一次见面。即使多年以后，他初见你时的情形也会令他刻骨铭心：那个阳光明媚的春日，你长发飘飘，着一袭洁白的长裙款款走来，眼波盈盈，笑靥如花。阳光打在你的身上，令你恍若天使降临。初相见，茶香袅袅间，你的纤指如兰花般优雅美丽；你轻言细语，举手投足之间散发着迷人的芬芳……

美好的第一印象像画一样刻在他的脑海里，让他念念不忘。哪怕后来他与别人结婚了，在平淡的日子里偶尔回想起你来，还是如初见般心动不已……

女孩子要如何应对相亲？男人相亲要准备很多，比如怎样调节谈话气氛，怎样应对对方家长盘问……但女孩子只要准备以美美的模样出现就好了。

女友刚旅行回来，经朋友介绍去相亲，她还是整套旅行的装扮：包着头巾，穿着T恤、速干裤，挎着腰包，踏着登山鞋。我说：亲爱的，你这样的装扮是去见“驴友”，而不是去相亲。她说想让相亲对象看一看随意的她，我说随意的一面以后有的是机会看，第一次见面还是选择最适合的风格更好。在我的劝说下，她重新换了行头：摘下头巾，穿上美裙，换上高跟鞋。后来，相亲对象对她一见钟情……

同是一个人，以不同的装扮去相亲，给对方的第一印象截然不同，相亲的结果也完全不一样。第一印象就是这么神奇。所以，亲爱的，相亲的第一次见面，一定要以最美的形象出现哦！穿上让你最美的衣服，哪怕那件衣服已被穿着去相亲十次了。

重要的活动和聚会。很多缘分和机会都出现在重要的活动场合或聚会上。盛装出席能帮助你在人群中脱颖而出。女人要舍得花钱买一两套有质感、凸显气质的品牌服装来应对这样的场合，出众的衣着能让你在人群中自信满满哦。

04

女人在怀孕期间和有了孩子之后，很容易忽略自己，但是，真正美丽的女人是不分时期的，任何时候都要美，要呈现出不同的美。女人，就应该将美丽进行到底！

怀孕的时候是女人身材、面貌变化最大的时候。

孕妇给人的印象总是身材臃肿、头发凌乱、皮肤粗糙、衣着随意。而孕期的自我形象更是会直接影响到心情，如果形象邋遢，别说老公，就连我们自己也嫌弃呢（至少我是很嫌弃自己这种感觉的）。

所以，怀孕的时候一定要将美丽进行到底，皮肤、服装、发型还是得打理，至少要保持干净、清爽。

每当看到形象邋遢的新手妈妈，我真想对她说：亲爱的，为什么不收拾一下自己再出门呢？

我也已为人母，也亲自带孩子，深深理解女人在这个阶段的无奈。

然而，除非那天万不得已有紧急情况（事实上没几次这样的时刻），就算不精心装扮，我怎么也得换上得体的衣服，画好眉毛，抹一下润唇膏和口红再出门。

事实上，这花不了几分钟时间，但如果始终保持这种意识，养成习惯，就比疏于收拾的“妈妈”们要美。

一位女友在结婚前坚持每天敷面膜，阳光很强的时候坐公交车也要撑把伞遮阳，是何等注意皮肤保养啊！几年后，当我再见到她，她抱着孩子，衣着随意，完全没有发型可言，再也不是曾经那个对皮肤呵护备至、讲究穿着的女生了！

亲爱的，带孩子再忙，也要记得腾出点时间出来打理形象哦。老公嘴里不会说嫌弃你为了照顾孩子而荒芜了的形象，但他内心一定希望看到仍然精致美丽的你。

05

无数女人在生了宝宝后后悔怀孕时没有护理好皮肤，如果时光能倒流，一定不再以怀孕为借口偷懒。

以下是很多美丽孕妈妈的保养心得：

一、每天多喝水，多吃水果、蔬菜，多煲汤喝。

二、忍住嘴馋，尽量不要吃油炸、烘烤等容易上火的食品，垃圾食品对宝宝和自己的皮肤都不利。

三、多吃长胎不长肉的食物，坚持每天散步锻炼一下，这样也利于顺产。

四、孕期护肤不能偷懒。只要选对了安全可靠的护肤品，保湿水、眼霜、精华素早晚都要坚持用，手霜也要坚持涂抹哦！偶尔可以做植物补水面膜。

五、坚持午睡。午睡时刻是修复皮肤的大好时机，也正好补充晚上不足的睡眠。

六、很多准妈妈嫌孕期不好打理头发，于是直接把头发剪短，就不再注意保养了。其实孕激素可以让头发长得更黑亮浓密，不如珍惜这个机会好好护发。

七、对于准妈妈而言，夏天的衣服选择比较多一点，到了冬天要淘到既温暖又时尚漂亮的衣服需要多花心思。但为了保持美美的形象，即使是冬装也要重视起来。好在如今流行韩式衣服，适合孕妇穿的冬装越来越多了。可以备2—3条透气性好的加绒打底托腹裤，温暖舒适又百搭。冬天头发不好打理，可以搭配针织帽、羊绒帽点缀，还可以配色彩鲜艳的围巾，让心情亮丽起来。

亲爱的，让我们将美丽进行到底吧！

不为取悦其他任何人，只为取悦自己。

> 在你心里，岁月在增长，而年龄没有增长，所以岁月在你身上就少留了些痕迹——定格在你最喜欢的青春年华，念力会发挥蝴蝶效应，遇到心想事成的自己。亲爱的，我25岁，你呢？我们一直都25岁，好吗？

八、嘻嘻，我 25 岁，你呢？

“如何在我最美丽的时刻遇见你，将我最美的笑靥倒映在你的梦里……”

每个女人都渴望在最美的年华，遇见心仪的他。

01

命运总是喜欢弄人，如花的年纪，总是没有遇见钟情的人，待不再年轻，遇见梦寐以求的他……

这是个多么美好的时代啊。

美好到可以在本地买到全世界的护肤品，美好到在家里就能做SPA，美好到有瑜伽、健身、舞蹈等各种方式修身养性，美好到足不出户就能在网上淘全世界的衣服……

这更是女人的美好时代，解放了思想和观念，也解放了年龄。

女人对年龄有着与生俱来的恐慌，而这种恐慌，没人能解决，时间对每个人都是公平的，结果却有千差万别。

这已是个无法从外表识出女人真实年龄的时代，90后女生越来越早熟，浓妆之下像80后；80后不想往前赶，清新淡雅像90后；70后保养得好，像80后；80后老成的，像60后……总之，很乱，很乱……

常常叫错人，也常被人叫错，把比自己大的叫成妹妹，把比自己小的叫成姐姐，应该叫阿姨的只叫姐姐，应该叫姐姐的却叫成了阿姨……

总之，这再也不是脸上写着真实年龄的时代了。

而亲爱的，这正是女人最美好的时代！

02

年龄，是女人最敏感的神经，很多大龄女青年不怕一个人的孤单，不怕没人照顾，不怕无人依靠，就是怕年龄的增长，日子像草一样疯长，还没来得及梳理，就蹿得比个头还高，担心埋没在疯长的岁月里，真命天子看不见自己的身影。

周围人的声音总是提醒着你又长大了一岁，你老大不小了，该结婚生子了，晚了就贬值了……

这些声音像唐僧的紧箍咒一样念得人头痛。

咒语警示你：年龄是女人最大的优势，也是最大的劣势！

所以很多剩女一想起年龄就像热锅上的蚂蚁一样急得不知所措，过一天，数一天，真命天子就是不来。

其实，女人的年龄从来都没那么重要。

年龄与选择范围有关，但和遇见幸福没有直接的关系。

女人的魅力需要时间来酝酿，豆蔻年华有葱郁的清新，轻熟女有从容淡定的优雅。

法国当代最著名的女性小说家玛格丽特·杜拉斯，曾经对最亲密的女友说："真奇怪，你考虑年龄，我从来不想它。年龄不重要。"

年龄不一定是劣势——如果你拥有青春的容颜，成熟的心智，简单快乐的童心，优雅的气质，这样的魅力无人可挡，这是一个女人完美的修炼。

当然，越是淡忘年龄，越不能忽略身心的保养。

如何让时间慢点流逝，是一生必修的课程。

03

不老女神赵雅芝60多岁了，却拥有30岁的身材和面容。在一次访谈中，她亲口传授了年轻的秘诀。

一、每周坚持做有氧体操运动。苗条的身材背后，除遗传了父亲瘦高个儿的基因外，赵雅芝每星期会做3—4次有氧体操，这个过程，常常是边看新闻边完成，所以并不觉得累。很多女明星为减肥，使用大量激素，赵雅芝很反对这种做法，"注重饮食、保持适当的运动完全可以达到减肥的效果"。

二、保持稳定的情绪和健康的心情。都说生气的女人不美丽，赵雅芝偶尔也会发脾气，但她会努力控制情绪："良好的心情也是对自己的一种保养，每个人都有高兴和不高兴的时候，而高兴的时候人就会很好看，所以要学习控制自己的情绪。我也是人，也有生气的时候。但是我觉得我发脾气不多，因为我觉得发脾气要是没有用的话，也得不到效果，既伤了自己，也伤了别人的感情，我觉得那很划不来。"

三、营养均衡。赵雅芝坦言："我的生活很有规律，吃得很自然，不偏食，虽然不是想吃什么就吃什么，也不是素食主义者，也喜欢吃辣，但我会注意营养的均衡。”很多女明星怕长胖，长期不敢吃肉食，坚持素食，但赵雅芝却认为这样反而有害，因为肥胖的原因不是吃得太多，而是体内营养不均衡，造成排毒不顺畅。肉可照吃，但要适当控制，不要让脂肪过多，更不要引起上火而伤害皮肤。

四、找准适合自己的护肤品。赵雅芝会选择适合自己的护肤品：“不一定是名牌就好，每天要保持皮肤清洁，试一试用过后吸收好不好，有没有不良反应。在家有时间就调一点面膜，没时间就买面膜使用，总之要好好爱惜自己。”

五、微笑是永葆青春的秘方。赵雅芝给人留下的印象始终是甜甜的笑，偶尔皱皱眉头。在访谈中，她仍然用温暖的微笑告诉大家：“微笑是永葆青春的秘方，大家都不要忽视了它的作用，开心是最重要的！女孩子要保持微笑，笑可以开朗自己的心境，也使别人更喜欢你。”

04

在一档综艺节目中，主持人汪涵问刘嘉玲：你最享受人生的哪一段时光？

她低头沉思了一下，笃定地说：我最享受现在，此刻就是我最好的时光。因为我从来不像现在这样自信、舒展、欣赏自己。所以我最好的时光不是20岁，也不是30岁，而是现在。

现在的刘嘉玲，50岁出头。

而太多30岁还不到的女性，整日惊呼自己老了。

可见，决定年轻的，从来不是年龄，而是心性。

常常有可爱的90后读者在微博上留言，叫我兰心宝宝，我问：

小家伙知道我多大了吗，他说：我知道你是80后呀，但我觉得你有些照片看起来就像18岁哟，最喜欢你迷死人不偿命的笑靥……

呵呵，率真可爱的90后弟弟！

在生活中我也常常被认为比实际年龄小5岁以上，为什么？

因为我从不吃垃圾食品，有健康的生活习惯；时常保持微笑，简单地享受当下的快乐；有阳光的心态，善感却不多愁。

再忙也会通过瑜伽、古典舞修炼S身形，将多余的赘肉扼杀在摇篮中；坚持做收腹动作；常吃水果喝蜂蜜水；坚持做身体和皮肤护理，常敷面膜。

大家见我常发涂了指甲油的精致手图，以为我不食人间烟火，不做家务。而事实上，只要有时间，我就会做饭菜，做家务，常被“烟火”熏陶呢！只是每次洗手之后，我一定会涂上手霜滋养皮肤！

若问我多大了，我得用年份减一下出生年份算一下才知道，反应也很迟钝——是因为我心里早已将年龄淡化，淡忘。

亲爱的，学会遗忘年龄吧。

你遗忘了，别人也就遗忘了，你比同龄人总是走得慢一些。

在你心里，岁月在增长，而年龄没有增长，所以岁月在你身上也就少留了些痕迹——定格在你最喜欢的青春年华，念力会发挥蝴蝶效应，遇到心想事成的自己。

亲爱的，我25岁，你呢？

我们一直都25岁，好吗？嘻嘻。

亲爱的，我再次强烈向你推荐“吸引力”法则。你可以因此遇见最美好的自己，拥有心想事成的人生。宇宙可以给你想要的一切——只在乎你如何去吸引，并坚定地去实现！

九、最美时光，遇见最好的自己

“人世间有百媚千红，我独爱你那一种。”

在这个世界上，我们喜欢的人群类型都不一样，萝卜白菜各有所爱。

但有一种女子，几乎所有人都会喜欢，不是她长得有多漂亮，不是她多有才华，但你就是由衷地喜欢她，情不自禁想亲近她，心甘情愿地对她好。

与其说她天生可爱，还不如说，她掌握了一套人见人爱的秘诀。

01

我们喜欢自己，别人不一定喜欢我们，但如果连自己都不喜欢自己，别人凭什么喜欢我们？

所以，先让自己喜欢自己，这是人见人爱的前提。

每个人身上，都有自己不喜欢的缺点、不喜欢的状态，没关系，重要的是，我们怎样及时把状态调整到最佳。

俗话说，境由心转。如何以心转境？

我有个小秘密，嘿嘿，我没告诉过任何人，包括我最好的朋友，不是我不愿意分享，而是怕人家笑话我。直到，读了美国作家朗达·拜恩写的《秘密》和《力量》。

这两本书揭露了一个97%的人不知道的秘密，只有3%的成功人士暗自领悟到的秘密。

那就是——地球吸引力法则（心想事成的秘密），今天我敢于在这里和你分享，是因为我发现，我领悟到的方法和书中写的心想事成法则不谋而合！

我也惊喜地发现，其实宇宙可以给我们想要的一切，请记住宇宙对我们说的一句话：你的愿望，就是我的命令！

02

从小，我就有着强烈的超感，超感其实没有大家想的那么玄秘，从心理学角度来说，它其实就是潜藏在我内心的超能量，是第六感、直觉、预感、感应、梦境、念力的综合。

每天早上，大家做的第一件事，一般是刷牙洗脸，而我在刷牙之前，一定要先这样做：对着镜子，冲着镜子中的自己开心地笑，只笑还不够，还要很开心地、甚至用欢呼的声音，对镜子中的自己说：

“哇，今天真的好开心哦！”

“哇，今天实在太顺利了！”

“哇，今天运气太好了！”

“哇，今天真的太幸福了！”

“哇，皮肤真好哦！”

“哇，所有人都爱你哟！”

“哇，你真棒！”

……

如果当天要办某件重要的事情，我就会很具体地对着镜子把希望事情达到的结果喊出来，比如，要签一个合同，我会这么说：“太好了，合同签得真顺利！”

“太好了，马到成功！”

“这就是我想要的结果，完美！”

总之，在每天早上，我要对着镜子很开心地喊出当天我想要达到的状态的结果。

亲爱的，请记得，是结果，而不只是愿望！你要发自内心地相信，就好像你已经达到了、实现了！

03

为什么要这么做呢？

每个人都有磁场，它时时刻刻存在着，只是我们的眼睛看不到而已。

早上的自我状态决定了一整天的状态，这正是调整磁场的最佳时机，先给自己传递正能量，才能在一天当中向别人散发正能量。

我为了印证自己的发现，还曾特意测试了一下：如果早上闷闷不乐地出门，一整天都郁郁寡欢，甚至什么事都不顺。

如果早上心烦意乱，一整天遇到的人都不如平时喜欢我，事情也尽出乱子。

而我让自己一大清早就积极起来，不说100%能达到想要的结果，但大部分能达到，还有少部分可能在近段时间里会实现。

亲爱的，你难道不喜欢和一个阳光快乐、积极向上、朝气蓬勃的人打交道吗？

人见人爱的第一条秘诀：把自我状态调整到最佳，先喜欢自己。

养身不如养心，养心不如修心。

身体的健康，容颜的姣好，取决于心的快乐宁静。

心的快乐，可以依赖于外界，但主要取决于自己。

养心之道，是让心感受美好，借美好的事物愉悦自己；修心之道，却是让自己既不受美好事物的诱惑，更不被一切不愉快的人和事所左右。

04

常有女性朋友问我：你用的是什么牌子的护肤品？怎样保养皮肤？

我没有多么奇妙的护肤秘诀，其实，每个人自身都有最好的一样化妆品，一分钱都不用花，那就是——多笑。

《黄帝内经》将人的喜、怒、忧、思、悲、惊、恐等情绪与人体的五脏六腑联系在一起。

人的情绪是五脏六腑功能的反映，五脏六腑的运行是情绪产生的生理基础。

反过来，情绪的波动也可以影响到人体脏腑的运作，正常的情志可以促进人体健康，但不健康的情志则会妨碍机体的正常运作。

大笑是最好的放松法，无论真笑假笑，都对身心有益。

真笑时，大脑的愉快中枢会兴奋；在面对压力与负面情绪时努力假笑，它也会刺激大脑中与愉快感觉有关的相关区域。

很多女性担心笑会增加眼部皱纹，常常绷着脸，但如果不笑，其实整张脸都容易生皱纹。

在整张脸和眼睛之间，你选哪一个呢？

有些女子虽然五官长得一般，但有灿烂的笑容，你会觉得她特别美丽，由衷地想亲近她。

相反，一个五官长得很标致的女子，但是冷若冰霜，你会无意识地疏远她，排斥她。

笑是每个女人都有的最美的蝶衣。

可是，很多女人都将它束之高阁，白白地荒废了。

很多女人想尽千方百计用化妆品装扮容颜，可是聪明的女人一定知道，喜欢笑的女人，总会多些福气，总会美一些。

05

听过这样一句话：当所有人的嘴角朝下，而你嘴角上扬的时候，老天爷落下来的福气，只有你接住了。

我有个女性朋友，她不笑的时候，所有人都觉得她很难看，老气横秋，没人喜欢和她说话。而当她笑起来的时候，仿佛一下子年轻了10岁！所有人都觉得她的笑容天真可爱！

我喜欢的女明星，像奥黛丽·赫本、朱莉亚·罗伯茨、安妮·海瑟薇、赵雅芝……她们的微笑，让全世界都明媚起来了！

这就应了一句唐诗——回眸一笑百媚生。

所以，亲爱的，请随时记得，保持微笑，照镜子的时候，对着镜子多练习怎样笑最好看。

别嫌麻烦啊，姑娘，身为女性，我们的笑容比男人的笑容更重要！

你笑的时候，全世界都笑了。

06

印光大师曾开示我们“多行四好”——存好心，说好话，行好事，做好人。大者必有好报，小者立足社会无往不利。

说好话——就是其中的“言施”。

好话，谁都爱听，而且不仅仅是人。

“宇宙万物皆能闻觉知”，科学家江本胜博士从对水的实验中就发现，水的结晶是如何随着外在的声音而改变它的形状。当播放莫扎特与贝多芬的名曲时，在显微镜下，水的结晶随着优美的旋律不断产生美妙的变化。

对水说好听的言语，水结晶成漂亮的图案；对水恶言恶语时，水结晶混乱无章。

水都喜欢听好话，何况是人呢。

07

每个人都知道，赞美很重要，但有两个症结阻碍着很多人：

一是不愿意赞美。

二是不知如何赞美。

不愿意赞美的原因有二：错将赞美当成虚伪的奉承；小心眼在作怪。

什么叫赞美？赞美是称赞，颂扬，是发自内心的对于美好事物表示肯定的一种表达。

拆成两半，一是发自内心，二是对美好事物的肯定。

赞美绝不是违心地奉承别人，而是真诚地、大度地、巧妙地把别人的优点和长处挑出来夸奖。

人人都有缺点，人人都有不讨人喜欢的地方，但是只要我们有一双发现美的眼睛，就能发现人人都有值得我们称赞的地方。

不愿意大方赞美别人，是“小心眼”在作怪。

当面对比自己强大的人，有的人畏惧，不好意思赞美，认为对方的成功已经摆在那里了因而不需要赞美。

其实，再强大的人也需要鼓励，需要赞美。

当面对比自己弱势的人，有的人高高在上，把赞美当成最昂贵的礼物，吝啬赠予。

其实，我们更应该把这件礼物慷慨地送给比我们弱的人，他们需要从赞美中找到信心。

当面对不相上下的人，嫉妒心最容易作怪！当你在心里质疑、排斥、挑剔对方时，对方一定能感受得到，如果他也和你一样，相互之间就不可能有好感。

要快速消除对方的嫉妒心，建立好感的撒手锏，就是——先大度地赞美对方。

亲爱的，别说你找不出对方值得称赞的地方，有美好的眼睛，美好的心灵，就能说出美好的话来。

“说好话”，不只限于当面的赞美。背后维护，巧妙搭建和多人之间的关系，不妨这样做：

在A面前传递B对A的欣赏和喜欢。

在B面前传递A对B的欣赏和喜欢。

以此类推。尤其，要建立起三人格局的关系，这几乎是必备的技巧。

第六篇章

【这一生最重要的事情是让自己幸福】

考验女人掌控命运力量的关键体现在人生的特殊时期，一般女性找无数理由听天由命，而少数优秀女性从来不想和一般人比较，她们一直“用力地”掌控着命运，与命运设置的考验和阻碍奋争！

一、同在一个屋檐下，没有真正的美人？

01

去经常光顾的服装店看衣服，我问店长：有没有适合在家里穿的外衣？

店长戴着一顶小礼帽，穿着灰色双面羊绒大衣，化着精致的妆，看起来无论形象还是气质都属人群中的佼佼者。

店长问我：您想要什么样感觉的呢？

我说：我外出的衣服都是中长款，在家里穿不大方便。我想找既方便舒服又漂亮的外套！

店长忍不住笑了：您的要求真高，在家里穿的衣服还要求多漂亮！不瞒您说，别看我在外面穿着光鲜精致，但是在家里，我老公常感叹：你在家怎么是这个样子？和外面的形象落差太大了！

我好奇地问：那你在家里穿什么衣服呢？

店长笑哈哈：睡衣！睡衣最舒服哈！不怕您笑话，我在家里懒得讲究穿着打扮，只图舒服，所以我老公总说我为什么外出这么讲究回家却不修边幅……他希望我家里家外都一样精致……

真是率真的女孩啊！

直言自己在外与在家形象的落差！

而她形容的，也是无数女性共同的状态：只在乎外出时的形象，而懒于打理在家的形象。

在外的精致和优雅，很多女性都会用心呈现，而居家的优雅，才是最难保持的。

02

有句话说“老婆都是别人家的好”，为什么呢？

白天，夫妻俩各自和不同的人打交道，老公看到的“别人家的老婆”，正是在外精心打扮的一面，而回家看到自己的老婆，是松懈下来，换上舒服宽大的睡衣或家居服的邋遢女人。

很多女人在外面长发飘飘，而回到家里自然是不大方便的，一般会用几块钱一个的大发夹扎起来或用橡皮圈扎起来。

再加上在家中一般都是素面朝天，大大小小的缺陷都真实地呈现，而这一面，恰恰被老公常常看到！

老公回家看到老婆的这一面，嘴里虽然不说，但心里还是会感叹别人的老婆更漂亮，因为他在外看到的都是别的女性精心收拾的一面！

每个老公在赞叹别人老婆的同时，或许没想到——自己的老婆在外也被别人家的老公赞叹着！

03

女性一生中有很多时间都是待在家中。

尤其对于以家庭为重的女性而言，居家时间更多。一些女性在美好的年龄就自嘲为“黄脸婆”，往往是因为在家让形象荒芜，让自己不敢照镜子，身材随着宽松的睡衣没了曲线，自暴自弃，日复一日年复一年地变成了别人眼中的“黄脸婆”。

女人一生中的特殊阶段——怀孕生子抚育宝宝的前几年，很多妈妈都全职在家照顾陪伴宝宝，在此期间很多人都忽略了自我的形象。

曾经那个用心护肤、精心装扮的女人因为有了孩子而穿着随意，甚至为了方便挑衣柜里最宽松难看的衣服穿，头发凌乱，肤色黯淡，素面朝天……

是的，带孩子的妈妈时间总是不够用，但因此就要放弃形象吗？

不！

至少我不愿意成为这样的人！

无论在怀孕时期，还是生完宝宝喂母乳期间，我都不愿意疏忽自己的形象！

时间再不够用，我也要挤出点时间来收拾自己，搭配衣服首饰。

趁宝宝午睡时去小区里的美容院做下护理、睡个美容觉。

事情再琐碎也常敷面膜。

家务琐事再多，我也会在每一次洗手之后挤出几十秒时间，抹上手霜。

先生很讲究外在穿着得体，他对自己的要求高，对我的期望不比我对自己的期待低。有一个这样的老公，我更加不能随便对待穿着了。

即便带宝宝在小公园里散步，也不能随便，鞋子和衣服仍然要搭配得体。

即便在特殊时期外出不多，我也会穿上方便舒适又喜欢的衣服，只为能给自己在家里时以愉悦美丽的心情。

即便有些隆重的衣服在特殊时期穿的机会不多，我也会提前费心地为每一次外出准备衣服搭配……

我几乎每天都会看时尚资讯，衣着搭配指南，甚至我还有兴趣深入了解各种衣服材质的知识，常买品牌的特质、动态。

购置贵重衣物之前，我会向形象顾问请教，她的专业指导加上对我的了解，会让我少走很多弯路。

越学习，越觉得自己懂得太少，越觉得过去的自己穿着很无知。每懂得一点对自身穿着定位有益的知识，我就特别欣喜……

我对提升美丽的渴求，不比提升内在的渴求少哇！

04

很多新手妈妈有了孩子之后虽然多了幸福，但也多了抱怨！

我深深理解，也心疼这些年轻妈妈们，抱怨的原因，和因为照顾孩子照顾家庭疏忽形象有密切关系！

可想而知，没几个年轻妈妈看到镜中形象全无的自己心情会很好！

形象不好会直接影响到心情和情绪，生出怨气来！

怨生活的折腾，怨老公没有积极分担，怨孩子不够省心，也怨自己不够爱自己！

而老公的审美疲劳也是从老婆在家荒芜形象开始的。

经历的世事越多，我越是觉得：女人的一生，其实就是和命运抗争的过程。

命运就像另一个自己，如果你不能掌控它，你就得听由它摆布。

任由摆布的人生，必定有怨气。

而绝大多数女性都是听天由命地过了一生。

有少数的成功女性，一直是命运的主人，知道自己想要什么，不想要什么。然后朝着自己想要的生活目标努力，最终拥有心想事成的人生。

我们要学习的，就是这种女性。

考验女人掌控命运力量的关键体现在人生的特殊时期，一般女性找无数理由听天由命，而少数优秀女性从来不想和一般人比较，她们一直“用力地”掌控着命运，与命运设置的考验和阻碍奋争！

05

关注娱乐新闻的朋友会发现，经常有某些女明星的老公有外遇或要离婚，很多人不理解：为什么一个男人家有美艳娇妻还会有外遇？

其实这就是因为很多女人在外和居家完全是不同的两个形象啊。外人看到的只是公众场合的一面，而老公看到的，更多的是居家的一面。

很多女性居家形象和在外有极大的落差！

比如，必须化妆才能出现在公众场合的明星，回家卸妆之后，呈现的皮肤、五官状态，必定与众人面前的那个光彩照人的形象有一定差距。

比如，在外穿着性感修身的礼服，回到家里就想赶快换上舒服宽大的睡衣。

往往，外人看到的是最好看的一面，而老公看到的，是最难看的一面。

无论外面的她是如何光鲜靓丽，老公面前的她与在外的她没有太多关联。他眼里更多的是眼前看到的“老婆”，而不是众人眼里的那个“偶像”！

台湾第一美女胡因梦和李敖一见钟情结婚后不久就离婚了，媒体问起李敖离婚的原因，他说：大家都看到胡因梦的美丽，可有一天，我推开卫生间的门，看到胡蹲在马桶上，因为便秘憋得满脸通红，面目狰狞，我心目中的女神形象从此毁了。

胡因梦听到此说，淡然一笑，说：偶像是只适合远观的，一旦生活在同一个屋檐下，所有琐碎的真相都会曝光，因此在同居者的眼中既没有伟人，也没有美人。

像胡因梦这样美貌的女人在李敖的眼里，形象还有如此难堪的一面，何况平常女子！

所幸，像他这样有严重洁癖和强迫症的男人不多。

所幸，平常女子嫁的男子更随意自在。

亲爱的，女为悦己者容。

爱美，是人生态度。无关乎取悦谁，重要的是要取悦自己。

真正的美，不分年龄，不分时期，不分场合，一直都要美下去。

真正的优雅，是修炼到一定境界的习惯。无论在外，还是居家。无论是万众瞩目之下，还是独自一人，举手投足，都要散发着优雅迷人的气息……

> 即便最幸福的婚姻，一生中也至少会有200次离婚的念头，50次掐死对方的冲动。可见，一般人的婚姻，一生中不知有多少次想离婚的念头了。而一半以上的念头，会在产后三年内集中萌发！

二、婚姻中最难熬的，不是七年之痒，而是……

——致初为人父（母）的你

每次听未婚女生倾诉单身的种种不如意，我都强忍着心里想说的真话：姑娘啊，当你结婚生子了，就会感叹，曾经那些不如意算什么，女人最难、最苦、最累、最无奈、最顾不上爱自己的时期，是从宝宝出生到上幼儿园之前这段时光。

这段时光你的生活堪称“一地鸡毛”。

有句话说：即使最美好的婚姻，一生中也会有200次离婚的念头，50次掐死对方的冲动。可见，一般人的婚姻，一生中不知道有多少次想离婚的念头了。而且，这一半以上的念头，会在产后三年内集中萌发！

01

当下的新手妈妈，一般都是80后、90后，这两代女性人群相比之前的女性都更加独立自主，都有自己的梦想，有自己的追求。

有孩子之前被父母、老公宠爱着。

有了孩子之后，不得不迅速转换成另一个角色，从被照顾到照顾孩子，从被宠爱到宠孩子。

再柔弱的小女生在孩子面前也磨炼成了女超人！

80后、90后女性都是爱美爱自己的人群。

有孩子之前，各种漂亮装扮，各种美丽秘籍，想怎么美就怎么美。

当有了孩子，顾不上护肤，顾不上打扮，尤其对于喂母乳的妈妈来说，一整年的时间都不方便穿无扣连衣裙，只能穿便于带孩子的裤装，更多的是家居服。

其实谁愿意变成这样呢，只是这个特殊阶段只能以带宝宝为重，忽略自己的感受。

很多新妈妈做梦都在逛街买衣服，可见有多么地压抑了！

为人母是一种幸福，但也是一个重任，每个女人在这段时间里，都有本难念的经，都有一把辛酸泪。

我们敬佩这些女性，她们因为孩子而更加有担当，因为孩子而历练得更坚强！

尤其是，其中一些年轻妈妈，在照顾孩子的同时，不忘记打理自己，努力调整自己，外人看到的永远是光鲜的一面和令人羡慕的一面。

其实，每个亲自带孩子的女性在这个时期承受的都差不多，区别只在于，谁能在承担照顾好孩子的同时，还能爱惜好自己，调整好自己的状态。

02

我也自己带孩子，尤其在孩子两岁后，大部分时间都是我在带

（因为宝宝越大越黏妈妈）。切身感受过这个过程中点滴不易，深深理解、懂得亲爱的你的苦处和无奈！

如果哪一天我没有外出，在没有保姆、先生又出差的情况下，我的一天是这样度过的：

当宝宝和婆婆还在睡觉，我先起床，洗漱打扫，准备好早餐。

等宝宝醒了，给宝宝穿衣洗漱，喂早餐和AD钙……

这个过程急不来，省不了时间，必须耐心，往往一两个小时就过去了。

然后婆婆带宝宝出去玩一会儿。

这一两个小时才是属于我安静的时间，得赶紧在电脑、手机上处理工作事宜，或挤时间写作，分秒都不能浪费。

婆婆回来煮饭，我得准备做菜，宝宝和大人的要分开做。

炒好菜，先让宝宝吃好，自己才能安心吃。

饭后，宝宝精神格外好，要陪她看书、说话，玩上一两个小时才犯困。

哄宝宝午睡。

趁宝宝睡着了，继续抓紧处理工作上的事务或写作。

宝宝一般午睡两小时，我睡半小时，有时候顾不上午睡。

宝宝醒来，缠着我带她去园子里玩，哪怕有再多事务要做，我也不能拒绝了……顺便去超市买好晚上的菜。

回来做晚饭，吃饭，给宝宝洗澡，陪宝宝看书，不停地说话，各种玩……

亲爱的，这就是保姆和先生都不在家时，我真实的一天，其间还省略了无数数不清的小事！一天下来，除了偶尔午睡一会，有时连坐下来歇会儿的工夫都没有啊……

但至少我还有婆婆帮我分担一下，而有很多妈妈，一年到头都没有任何人帮忙，只能一个人包揽一切，独自撑起一片天！

03

有一个事实是，几乎每个妈妈都有产后抑郁症，我是说多多少少总会有些——哪怕内心再强大。

为什么呢？

其中一个原因，肯定与顾不上对身材、容貌的爱护，导致自己变得不如原来美丽有关。

这可是每个女人心底最大的暗伤啊！

如果再加上老公的疏远、冷落，望着镜子里那个自己都觉得不美的自己，内心不知有多失落了，不知有多自卑难过了。

所以，如果为人夫者，在妻子生完宝宝后一定要多创造条件支持妻子护理自身美丽，多送漂亮衣服，多鼓励、夸赞她。

更不要因为有了宝宝而不再拥抱亲吻妻子，这些细节是她极其需要的爱和温暖，能直接帮助她恢复找回自信哦！

有个调侃的公式：男人=工作；女人=工作+孕期+哺乳期+做家务+做饭洗衣服+伺候四个老人+伺候孩子……

这是真的。男人当然有工作上的苦和累，而当下的女性，不仅要承担传统女性要承担的家庭琐碎责任，还要考虑工作。

有时，这些琐碎的操劳，比单纯操心一份工作还要耗费心力。

既能兼顾工作又能亲自带宝宝的妈妈是少数，如果能做到兼顾，那真是很了不起了！

大部分女人只能暂时放弃工作先顾着照顾宝宝，她们仍然向往职场，希望出来工作，心里觉得还是“自己赚钱买花戴”更自在。

其实当下的年轻女性大多数是希望自己有独立的工作，有自立的经济条件，但为了顾及家庭需要只能暂时放弃自己的社会价值。

每一个全职妈妈看到别的女性在事业上风生水起时，心底一定会有叹息，一定会有失落。

想起曾经的自己，也是很能干的职场“白骨精”。

所以为人夫者，工作之余应多抽时间带一带孩子，为妻子多分担。多肯定她的功劳和苦劳，多夸赞她，让她心里少些失落。

之所以很多女星产后的影视作品比产前更精彩，深层的原因，是她们在怀孕、生子、育儿过程中，对生活有了更深的感悟，情感更为丰富，各方面都变得更为强大！孩子让母亲成了事无巨细的“超人”，也成就了母亲在情感上、事业上的强大！

04

和婆婆相处，是新手妈妈最头疼的问题之一。

婆媳关系真是千百年来的结，对80、90后的儿媳妇来说，婆媳关系同样是一道槛。

聪明的儿媳妇为了孩子，得学着理解婆婆，接纳婆婆，感激婆婆帮着带宝宝。

天底下没有几个婆婆不“说”儿媳妇的，尤其80后、90后的儿媳妇有自己的育儿观念，和婆婆传统的带儿方式之间肯定有大大小小的冲突。

我和婆婆之间同样也有很多琐碎的分歧，也常被她念叨各种小事情，难免有不愉快的时刻，但彼此都不记心，一会又好了。

我也有被这些琐事烦心的时刻，但我会马上在心里反省、劝导、宽慰自己，告诉自己要更加理解，更加包容！

没错，婆媳相处之道，唯有包容，更包容；理解，更理解！这样才能在琐碎的分歧和冲突中融洽相处，并让婆媳情感日益深厚。

亲爱的，我将这一切当成修行，修炼自己的理解心、包容心、忍耐心。不能不说，这也是历练内心强大的过程！

05

对于当下的80后、90后新婚夫妻来说，婚姻中最脆弱最难堪最难熬的，还不是七年之痒，而是宝宝出生后的这两三年。

这是幸福的开始，也是矛盾的开始。

这三年才是真正的磨合期。

势必有冲突，有矛盾，有突如其来的问题，真正需要夫妻俩坚定白头偕老的信念，战胜自己性格中的缺陷，更加理解包容体贴对方，处理好家庭中的各种关系。

——这对于新婚不久的夫妻来说，是从未有过的考验、领悟、提升、长进！

处理好了这一年中的关系，也就为以后的日子奠定了稳固的基石！

亲爱的，在这一地鸡毛的三年中，希望你有磨合的心理准备，尽量少被磨合带来的不愉快而左右心情。

相信我，熬过这段时光，将云开雾散，豁然开朗！

相信我，这段时光，也是成就你强大内心的最佳时机！

相信我，这段时光里付出的一切，都是值得的，终会有回报！

> 未婚女生之所以将爱情等同于爱，是因为爱情在女孩心中是最神圣的，是纯粹的，是排他的，是唯一的。而在漫长的婚姻里，无论有没有爱情，能相伴相守，不离不弃，已是最大的爱！

三、婚姻里产生的亲情，才是牢固的爱

01

很多时候，回想单身时的一些想法，真是很幼稚、很可笑、很无知，很多时候是自以为是和想当然，用“站着说话不腰疼”来形容也不算过分。

走入婚姻后才明白：没有亲身经历过的事情，就没有资格妄下论断。

比如，单身的时候，一听到婚姻里的人说夫妻之间的情感变成了亲情，就很不喜欢这种所谓的“亲情”，认为那一定是夫妻之间很无奈的一种情感表达吧。

一听到已婚男人说和妻子之间只有亲情，就认为他们之间定是没有爱了，无爱的婚姻定是不幸福的。

后来才明白，其实人家只说了前半句，而且这半句更多的时候是已婚男人勾搭未婚女生挤出来的托词。总不能说“我既很爱我的

妻子和家庭，又喜欢你”这样自相矛盾的话吧？如果这样说，哪个女生还会理会这个男人的勾搭呢。

这句话的后半句就是：婚姻里产生的亲情，才是最牢固的爱。

02

你也和曾经的我一样，有过类似的幼稚想法吧。

如果亲爱的你还未婚，应是满脑子的围绕“爱情”憧憬：先嫁给爱情，再给爱情保鲜，希望彼此相爱一辈子。

嗯嗯，可以这样憧憬的，要这样憧憬。

人生是一个经历的过程，有憧憬，才有盼头。

你可以憧憬你的爱情能够保鲜一辈子，但不要认为婚姻里只有爱情才是爱就好。

如果亲爱的你已走入婚姻，你应该更懂得我说的意思。

如果你告诉我：兰心老师，我的爱情已转化成亲情的感觉了。那么我听了不但不难过，反而为你舒了口气。

根据科学研究，热恋中的人，大脑会分泌大量多巴胺，而多巴胺在婚姻里最多能维持1000天。

从这个数据来看，一般而言，爱情在婚姻里保鲜的时间不到3年。3年才是婚姻的开始，那么剩下的漫长岁月，夫妻之间靠什么维持呢？

在未婚女生的词典里，爱和爱情几乎是画等号的。反过来说，她们认为——没有爱情等于不爱。

其实稍稍想一下，就会明白：世上还有亲情，友情……都可以用“我爱你”来表达爱，爱情只是其中的男女情爱而已。

未婚女生之所以将爱情等同于爱，是因为爱情在女孩心中是最神圣的，是纯粹的，是排他的，是唯一的。

03

影视剧的结尾，男女主人公终于走进婚姻殿堂的那一刻，未婚女孩想的是“从此他们过上了幸福的生活”，而已婚女性知道——这只是幸福的开始，漫漫人生路上，每对夫妻都必然会面对众多考验，能否患难与共，相濡以沫，同舟共济，白头偕老，在于他们在婚姻里的造化和修行。

有的夫妻走着走着心就乱了，同床异梦，各怀心思。

有的夫妻走着走着人就散了，从此两不相问，形同陌路。

有的夫妻走着走着不仅散了，还反目成仇，当初有多爱现在就有多恨，半生厮杀。

而大部分夫妻，在爱情保鲜期过后，在磕磕碰碰里磨合，也在磨合中渐渐学会理解包容对方。相争相爱，相爱相争，吵吵和和，和和吵吵，岁岁年年，反反复复，却始终相守如一。

爱情可以一瞬间产生，但却难以长久；而爱，需要在漫长的时光里慢慢发酵，最终却如醇酒清酽，历久弥新。

生活中，大部分幸福夫妻之间的爱情都已经至少在部分上转化为了亲情。

爱有太多种表达和存在形式。

甜言蜜语的表达是爱，实实在在的好更是爱。

激情吸引是爱，平淡相守更是爱。

玫瑰是可有可无的爱，大白菜是必须的爱。

温暖鼓励是爱，忠言逆耳也是爱。

包容理解是爱，成就对方更是难得的爱。

相敬如宾是爱，相争相吵有时候也是爱。

而在漫长的婚姻里，无论有没有爱情，能相伴相守，不离不弃，已是最大的爱！

04

在"宝宝树"专家答咨询的问题中，有很多女性朋友担忧老公会外遇离婚，一般我会深入向她了解具体情况，比如，老公平时对你怎么样？

如果她说先生对她一直不错，像亲人一样。

我会宽慰她：不要担心，你的先生不会离你而去。

而如果她说先生从前对她激情满满，现在漠不关心，我则会为她的婚姻状况担心。

因为，我相信——如果一个男人仍然关心妻子，舍得为妻子和家庭付出，哪怕他和她之间没有了爱情，但总有感情在。

这种感情是长久相处中磨合出来的习惯成自然。

这种感情是患难与共中日积月累的感激和依靠。

这种感情是无常人生里的安全感。

这种感情是保持完整家庭的求全之心。

这种感情是不到万不得已不想违背结婚初心的责任感。

这种感情是身为男子汉与生俱来照顾妻儿家庭的担当感。

难道，这种感情不是爱吗？

这种爱，是爱情和亲情的交融。

05

有位已婚男士来做咨询，他说自己前段时间遇到了喜欢的女孩子，和她在一起时，充满了激情，现在满脑子想离婚。

但一回到家里，看到妻子和孩子一起开怀做游戏的情形，环顾被收拾得井井有条的家，吃着妻子端上桌的美味饭菜，他怎么也说不出"离婚"二字。往事种种涌上心头，妻子虽然平庸，平淡如水，不如那个女孩优秀、娇媚，但在多年相处中早已融入了他的生命里，无法离弃，无法割舍，如同无法离弃孩子般的亲情感。

纵然对那女孩有心动，有喜欢，但怎能割掉身上的一块肉？怎能伤害无辜的妻子？

在跟我们沟通的过程中，他也渐渐理清了自己的情感，最终和那女孩断了往来，诚心改过，回归于家庭。

类似这样的例子很多，只是有的男人醒悟得早一点，及时悬崖勒马，保全了婚姻，而有的男人被一时激情冲昏了头脑犯下无法挽回的错。

现代人说：从前时光流逝的很慢，慢到一生只能爱一个人；而现在的节奏太快，快到很多人只能拥有速食爱情。我们的长辈之所以能白头偕老，是因为他们一开始就没有揪着“爱情”不放，而是珍惜相处而生的感情，这就是他们眼里的“爱”。

但愿，当激情不再，也能为婚姻里滋生的亲情而欢喜，心安。

> 一个人长得漂亮，或才华横溢，或事业有成，并不一定能拥有幸福的婚姻。幸福是一种能力，红尘里的每个人，无论是谁，都要有修炼幸福的能力。

四、你若盛开，清风爱来不来

我们身边有不少令人羡慕的幸福情侣，但更多的是还没有找到幸福的单身人士和生活在不幸中的情侣。

幸福不会无缘无故降临到谁头上。

有的人一辈子都难以幸福，有的人的幸福即使来得晚，但终究会得到。幸福，只是来临得早晚的问题。

为什么？

不是命好不好，而是自身的修炼决定的。

亲爱的你，值得拥有幸福吗？

你有幸福的资本吗？

01

绝大多数人，即使暂时没有找到幸福，也能将一个人的日子过好，同时修炼爱与幸福的能力。只要找到对的人，就能幸福下去。

而有种人，无论遇到什么人，都很难长久幸福——这其实是自身的原因造成的。

喜欢抱怨的女人很难幸福。

有的女人，她的世界里只有抱怨，再抱怨，一直抱怨！

没人喜欢充满负能量的爱抱怨的人，何况与自己朝夕相处的爱人。

一辈子要在抱怨声中度过，这样的婚姻能幸福吗？

其实，不抱怨的人在婚姻中也不是一帆风顺，但是她们懂得及时化解，懂得知足，凡事往好的方面想，宽容他的小毛病、小缺点。

亲爱的，停止抱怨吧，抱怨是无法改变他的，只会让他远离。

抱怨无法让你得到你想要的，只会令你失去更多。

只有先学着改变自己抱怨的状态，阳光积极起来，才有可能改变不满的现状。

02

不懂爱自己的女人很难幸福。

爱自己是女人一生的必修课。其实没有人可以爱你一辈子，除了你自己。

一个人的时候，学会爱自己，以后才会更懂得爱他、爱孩子、爱家人。

结婚生子以后，懂得爱自己，才能长久幸福。

你若不爱自己，谁来爱你！

你是他的参照物，你有多自爱，他就有多爱你。

03

不知足的女人很难幸福。

有的女人，拥有的并不少，但总是不知足，总是拿自己缺少的和别人拥有的比较，总是停留在羡慕他人的“不满”中。

“某某某的老公又升官了……”

“某某某的老公情人节给她买了名牌包……”

“某某某的老公做得一手好菜……”

其实，每个人都在被羡慕的同时羡慕着别人，每个人都在羡慕别人的同时被人羡慕。

04

不懂控制欲望的女人很难知足常乐。

人生就像半杯水，很难有完满的时候。同样的半杯水，有的人看到的是缺少的那一半，有的人看到的是拥有的那一半。如果只看到缺少的那一半，那就是在扼杀快乐，就是在自我折磨。幸福与快乐的秘诀在于：要看到拥有的那一半，并享受已有的那一半。

05

不信任他人的女人很难幸福。

有的女人从来没信任过自己的枕边人，总是疑神疑鬼，查看老公的手机、QQ等通信工具，把老公认识的异性都假想成情敌！

嫁人不疑，疑人不嫁。沙子抓得越用力漏得越快。亲爱的，你还有很多事情要做，比如给自己充电、健身、研究一下美容知识，这些都比当“家庭侦探”有意义！

06

滥情的女人很难幸福。

有的女人比男人还滥情，喜欢和老公以外的异性感情暧昧，纠缠不清。纸包不住火，到头来是自己亲手毁了原本拥有的幸福。

不懂洁身自好的女人，凭什么要求老公专情呢？

07

顽固不化的女人很难幸福。

有的女人总是在同一个地方摔倒，伤疤还没好就忘了痛，下次重蹈覆辙。这种女人不善于吸取教训、反省自我，听不进任何人的逆耳忠言，顽固不化。

修正性格中的重大缺陷是通往幸福之门的必经之路，能战胜自我，才能把握长久的幸福。

活在狭隘的自我里，就捂住了耳朵，封闭了心。久而久之，没人愿意提醒、提建议，只有自己一个人自生自灭——这是一个女人的悲哀啊！

08

没有底线和原则的女人很难幸福。

有的女人纵容老公一错再错，完全没有了自我，卑微地活着，没有尊严。

很多男人犯错是软弱的老婆娇惯、纵容的。

无论什么时候，无论他是什么人，你都要不卑不亢，宽容但有底线和原则，才能赢得尊重。

09

我的微信公众号里有很多留言，大部分是女性朋友的情感倾诉。让我开心的是，看到很多朋友在经营情感以及身心灵的成长过程中不断反省自我，修正自我，完善自我，提升自我。

其实每个人在情感道路上都是这样走过来的，从不懂爱自己，不懂爱他人，到慢慢学会爱。区别只在于——有的人善于反省自我从而日益长进，而有的人固执己见、不思己过，因而止步不前，幸福与不幸福也渐渐在这一点上分出两条道路来。

遇见谁，如何抉择、相处，都与自身的修炼有关，能否幸福与走好每一步都息息相关，把握好了，我们才能拥有幸福。在寻找、保持幸福的道路上，更是需要不断修正和完善自我。

一个人长得漂亮，或才华横溢，或事业有成并不一定能拥有幸福的婚姻。幸福是一种能力，这能力包括：让自己幸福的能力，让他人幸福的能力。

红尘里的每个人，无论是谁，都要有修炼幸福的能力。

每个人都有让自己幸福的力量，每个人也都能通过修炼而使自己更加幸福。

每个男人都喜欢亲近善良温暖、阳光向上的女子。做最好的自己，你就配得上最好的爱。

是的，你若盛开，清风自来。

或者，更强大地说：你若盛开，清风爱来不来！

10

亲爱的，同你分享我这些年的幸福能量心得，共勉哦！

保持微笑。笑是身心最好的保养品，也是让运气好起来的秘诀哦！

简单快乐。世事已很复杂，我们唯有保持简单快乐的心。

享受当下。世事无常太多，过去不复返，将来未可知，唯有当下是我们能把握的。

心怀感恩。感恩拥有的一切，老天爷会给予你更多。

心宽如海。我们无法避免人生八苦，唯有让心更宽广，再多的苦在心海里也能消融。

掌控欲望。可以追求想要的一切，但要懂得知足，因为知足才能常乐。

要爱自己。懂得爱自己，对他人的爱才更有价值。

永远不要失去自我。做喜欢的自己，将优点和长处发挥到极致，就是成功。

懂得温暖自己，舍得温暖他人，修一颗温暖有爱的心。

世间的际遇，良缘、善缘、孽缘，都是生命给我们的历练，在孽缘里涅槃，在良缘中丰盈完善。莫怪世态炎凉，在薄情的世界里深情地活着，这是一种境界。这世间的缘分，没有对错，没有好坏，有缘相惜，尊我一尺，敬他一丈。无缘之人，愿TA安好。人生最难如初见，人生若能如初见，那定是彼此在岁月尘世里长久的修炼与呵护。

五、男女之间何以如初见般长情？

01

三位闺密相聚，几杯红酒下肚，借着酒兴，谈及生命里的那些异性朋友，都感慨万千。

闺密A：想起曾经喜欢过我的那些男人，如今一个个都离我远去，好像我是瘟神似的。说什么永远爱我，地久天长，都是假的，都是过眼云烟罢了……人生若只如初见该多好。

闺密B：这个年代，男人对女人的爱有几个能长久的？那些鬼话你也当真听啊？

闺密C：男人对女人能否长情，一方面与这个男人是否专情有关，更在于女人能否有长久的吸引力让他长情。别怨他们薄情，有本事，你让他对你一辈子如初见般喜欢啊！

三位闺密的感慨也道出了无数女性的心声。

感叹男人易变，自己只是他情感世界里迎来送往的过客。

很多女人沉湎于纳兰容若的“人生若只如初见，何事秋风悲画扇。等闲变却故人心，却道故人心易变”的悲凉中，怨叹，感伤，缅怀，甚至不可自拔，无法前行。

难道当下的女人就只有怨叹的份吗？难道，这世上没有一直如初见的男女情感吗？

02

无论他是初恋，前男友，前前男友，曾经的备胎，爱慕者，仰慕者，还是蓝颜知己，终归他们都是男人。男人的特质是什么？

我们且将男人分成三种。

一种是对情感执着专一的男人。

一种是花心容易移情别恋的男人。

一种是介于这两者之间的男人。

专情的男人和花心的男人在世上都属少数，而绝大部分的男人，是介于二者之间的男人：他们会为喜欢的女子而执着专情，也会对不喜欢的女子薄情寡义；他们会喜欢活色生香的她，也会嫌弃日后庸俗油腻的她。

有的男人无法与真心喜欢的女子结成良缘，随着世事变迁，各自结婚，生子……在各自的生活里，遥望着对方。或许有精神上的交际，或许只是默默地关注，远远地看着，不联系，不打扰，亦不再有实质的关心和帮助。

有的男人即使两人无缘在一起，那种如初见的喜欢之情，会在时间的年轮里依旧，情谊也在世事中愈积愈深厚。他们从不干扰对方的婚姻生活，唯愿对方家庭幸福和美。当对方和爱人吵架不和时，还要充当“安慰天使”化解对方不快和冲动的情绪。他们的心里有着一份不为人知的守护，当对方好的时候，选择遥望，不打扰，只是默默地祝福。而当对方需要他的时候，他会如曾经一样，挺身而出，不吝啬温暖的鼓励。

这是怎样达成的一种境界呢？

它需要双方都有着“成人之美”“唯愿他幸福”的心胸和格局，还要有经营婚姻以及男女情感的智慧！

03

当下，女性呼吁男女平等，而我认为，在强调男女平权的同时，女人的内心首先应该独立起来！不只是一味地等待男人的爱，不只是一味地将幸福寄托在男人身上，不只是奢求男人的爱亘古不变，不只是一味地索取男人的付出而不回报。

除了内心独立，还需要行为独立。那种柔弱无能依赖男人来当救世主的梦，在男女竞争愈加激烈的当下，早已成泡影。

只有内心和行为都独立了，才有足够的底气和他平等地站在情感的天平上。

有句话说：欣赏一个人，始于颜值，敬于才华，合于性格，久于善良，终于人品。

这句话阐释了男女之间情感的真谛。

始于颜值。女人怨叹男人只爱初相识时年轻美丽的自己，随着岁月流逝，他便不再喜爱容颜老去的自己。诚然，每个女人都会渐渐老去，但在漫长的时光里，女人与女人之间对容颜的呵护和身心灵的修炼各不相同。

大部分女人一旦结婚生子，就荒芜了形象，任身材走样，任皮肤松弛。放弃呵护身体的美，也放弃修炼心灵的美。

时光，果真成了一把杀猪刀。

而有的女人，同样结婚生子，在柴米油盐里摸爬滚打，同样抚育孩子、照顾家庭和经营事业，但她们无论多忙，无论在人生的哪个阶段，都十分爱护自己的容颜，她们也知道谁都抵抗不了岁月，但尽可能地在有限的年华里精心浇灌自己，尽可能地让自己绽放芳华。同时也注重修身养性，不断精进，内外兼修。

时光，让她们变得越来越好，越来越有魅力。

男人面对这两种女性，会对哪一种更长情呢？答案不问可知。

敬于才华。才华横溢的人不多，但只要不断精进，“腹有诗书气自华”，无论何种男人，都会对由内而外散发着魅力的女人心生爱慕。

合于性格。有的女人在生活中总是怨气冲天，有的女人却在岁月的考验中变得愈加温和、圆融。无论男女，都喜欢性情温婉的女子。

久于善良。性本善，但人与人之间的善良是有差异的。有的人，贪嗔痴会掩盖善良的初心；有的人，懂得时常告诫自己断恶修善。善有大小之分，有的人只有小善，而有的人，有小善也有大善大爱。

终于人品。人品好的人做不出破坏对方幸福的事，即便无缘在一起，也只会念人之好，祝人幸福。而有的人一旦转身，就撕破脸，赶尽杀绝，将曾经的美好毁于一旦。世间但凡长久的情感，无论何种，人品是最终的考验。

04

一个男人一生中最荣幸的不是有多少女人爱过他，而是有没有女人如初见般爱他一辈子；一个女人一生中最幸福的不是有多少男人追求过她，而是有没有男人如初见般地爱她一辈子。

有的男人的心里一辈子都藏着一个“梦中情人”：她是心底的秘密，她或许只出现在梦里，或许偶尔在生活中有交际，但她美好的品格和内外兼修的魅力，才是她能够常驻他梦里的根本原因！

有的女人，随着时光的流逝越来越成功，越来越有魅力，越来越美好。将生命中那些未珍惜过她的男人，一个个抛到身后，她成了他们只能仰望的女神，而只有和她匹配、合心又长情的男人才能与她同行——我们要学习这种“为自己争气”的女子。

世间从来不缺瞬间的心动，不缺短暂的迷恋，然而最难的，是经得起岁月和世事考验的情感，如初见般的欢喜。

长情，因为难得，所以珍贵。

世间的际遇，良缘、善缘、孽缘，都是生命给我们的历练，在孽缘里涅槃，在良缘中丰盈完善。

莫怪世态炎凉，在薄情的世界里深情地活着，这是一种境界。

这世间的缘分，没有对错，没有好坏，有缘相惜，尊我一尺，敬他一丈。无缘之人，愿他安好。

人生最难如初见，人生若能如初见，那定是彼此在岁月尘世里长久的修炼与呵护。

在人生道路上，我们宁愿多花点时间，沉住气，耐心一点，多等一等，多找一找，也不要因着急而选错了人。在遇到好的机会、对的人之前，上天需要考验我们的意志，只有经受得住这份考验的人，才值得拥有幸福。

六、你想要的幸福，终将如愿！

——致坚守自我的你

亲爱的，我将读到此文的你奉为我欣赏、喜爱的女子——也是众人欣赏、喜欢的女子。

亲爱的你，善良温暖，阳光向上；一直努力修炼自我，提升自我，完善自我；一直相信爱情，坚守自我，洁身自好，对感情宁缺毋滥。

亲爱的你，对于整本书写到的种种，都做得很好了，或者正朝这个方向努力做得更好。

总之，亲爱的你，值得拥有幸福。

可是，到此刻为止，你还是单身。

幸福在哪里？Mr. Right在哪里？

01

亲爱的，我想告诉你，不是别的原因，只是缘分未到。

人生中很多事情，不是不会降临，而是要等待最合适的时机。姻缘更是如此，天时、地利、人和，万事俱备了，该来的自然就来了。

亲爱的，别急，别慌，别乱，别怕。

你的好，我懂；你的苦，我懂；你的渴求，我懂。

你把一个人的日子打理得很好。

趁还没有合适的人谈恋爱，你把心思投入工作中，工作做得不错。

大部分闲暇时间，你和闺中密友度过，孤独脆弱难过的时候，幸好有她们相伴。

优秀的你，有很多人喜欢你、追求你，但你坚持要等到最想要的那个人。

你上进，爱学习，床头放着喜爱的书，有时候会去听一听不错的课程。

总之，你过得很充实、很快乐。

02

然而，即便一个人的日子过得不错，但，你更渴望两个人的幸福。

一个人逛超市。看到超市里一家几口或成双成对的顾客，你多么希望亲爱的他陪你一起挑选喜欢的物品啊，有他帮你拎着大包小包，你只要在身旁小鸟依人就好。

一个人看电影。想等着所爱的人陪你看浪漫大片，搞笑时两人一起哈哈大笑，感动得流泪时有个人倚靠。可惜电影都下片了，他还没出现。于是，你不再为电影等待，想看就看，哪怕一个人哭，一个人笑。

一个人旅游。你很想去那个浪漫美丽的地方看看，可是风景再美，也无人共赏，你多么希望和亲爱的他手牵手一起笑看云起啊。

一个人吃饭。有时做了美味的饭菜，多么希望和他一起分享美食啊。其实，你乐意为亲爱的人下厨。

一个人孝敬父母。你是父母的好孩子，多么希望早日完成父母的心愿，和亲爱的他一起孝敬父母。尤其，当父母生病时，多么希望有他在身边一起照顾啊！

一个人睡觉。保守矜持的你，不接受任何暧昧的情感，洁身自好，遗世而独立，似乎连拥抱和牵手都离你好遥远。电视里播放的浪漫镜头也能把你感动得流泪。

你独立，自爱，上进，修炼最好的自己，都是为了等到命中注定的那个人，拥有最好的爱。

是的，亲爱的，修炼最好的自己，配得上最好的爱！

你有过的孤单、无奈、辛苦，我都有过。

03

我记得，我在丽江闭关写作的那段时间，曾经承受了极致的孤独。

那一年，那一日，丽江福国寺举行金刚灌顶法会，众多信徒沿着山路一跪三拜朝圣，我也加入了跪拜行列。

正如仓央嘉措的《那一世》所写的：那一年/磕长头匍匐在山路/不为觐见/只为贴着你的温暖/那一世/转山转水转佛塔/不为修来世/只为途中与你相见。

当时，我在心里说：佛祖啊，我自认为是个好姑娘，我觉得我值得拥有好的爱人，值得拥有幸福啊，可为什么姻缘迟迟不现呢？

姻缘是如此神奇！不到一个月，我如今的先生就找到我了！不到一年，我们就结婚了！

有时缘分就是这么奇妙：有心栽花花不开，无心插柳柳成荫。

曾经独自的坚强化为今天的依靠，曾经的孤独化为今天的陪伴，曾经的坚守化为今天的幸福！

04

在寻找幸福的道路上，有时候，我们内心承受着很大的压力，找不到合适的人诉说，只能靠自己面对、化解，内心再强大的人也有这样的时刻，甚至脆弱无助得想哭。

这时候，不妨放下平日的坚强，痛痛快快地哭出来。暂时解决不了理不清的事情，不如先放下，别急于求成，顺其自然。尽了七分人事，剩下三分不如听天命，相信缘分，相信付出终有回报。

每个人所处的阶段不一样，所以同一时期重心也不一样。不要盲目和他人比较，不要盲从，要明白对自己来说最重要的事情是什么。

不管要做什么样的打算，都要多听听内心的声音，一旦决定了，就要舍得放弃其他，安心、全情投入最重要的事情上来，不慌不乱，耐心从容。

人生是一个经历的过程，如同果实的成熟，每个过程都不可跨越，也不需要预知。

除了冥冥中未可知的那几分命运，更多的希望在于我们边走边创造想要的生活，寻找想要的人。人生中，总有灰暗阴霾的时期要走过，但这些痛苦也是成就我们变得更强大的考验。

所以，亲爱的，别怕，别急，只要你耐心、安心走好每一步，相信命运不会辜负你！

05

亲爱的，不久后找到幸福的你，回首之前的历程，一定会感慨：在寻找幸福的道路上，只要自身很好，过程即使多些波折也无所谓，那只是为了让你等到真正懂得你的真命天子！

这个过程考验信心和恒心，可不要轻易放弃啊！

你要坚信：如果本身已准备得很好了，就一定会有想要的姻缘，如愿以偿地给你惊喜！

你这样美好的女子，每个人都喜欢亲近。只是，你要找到对的那个人。

找到对的人是多么重要啊！

在对的人眼里，你所做的正是他渴求的事。

在对的人眼里，你是世上独一无二的，他能读懂你的可爱、你的美、你的魅力，无论缺点优点他就是喜欢。

找到了对的人，你所付出的努力，将会如愿以偿得到回报，你值得拥有。

找到了对的人，你所坚守的等待，终将修成正果，你值得幸福。

于是，在人生道路上，我们宁愿多花点时间，沉住气，耐心一点，多等一等，多找一找，也不要因着急而选错了人。

亲爱的，你想要的幸福，终将如愿！

06

把这首诗送给期待美好姻缘的你：

什么是缘分

缘分就是看似偶然却是命中注定的必然
似前生有约，今生必定相逢
缘分就是不经意之间的碰撞
在两两相望的那一刻
眸中倒映出前世的影子
那未了的情缘
那一生的期盼
盈盈一水间
脉脉不得语

死生契阔 与子成说
执子之手 与子偕老
哪怕只有一面之缘
也成了生命中难以释怀的情缘

你相信吗
这个世界上
总有一双慧眼
会穿越芸芸众生
牵引着一生的期盼
缘定三生